EDIÇÃO ACTUALIZADA E EXPANDIDA

CURSO BÍBLICO
AUTODIDACTA

EDIÇÃO ACTUALIZADA E EXPANDIDA

CURSO BÍBLICO
AUTODIDACTA

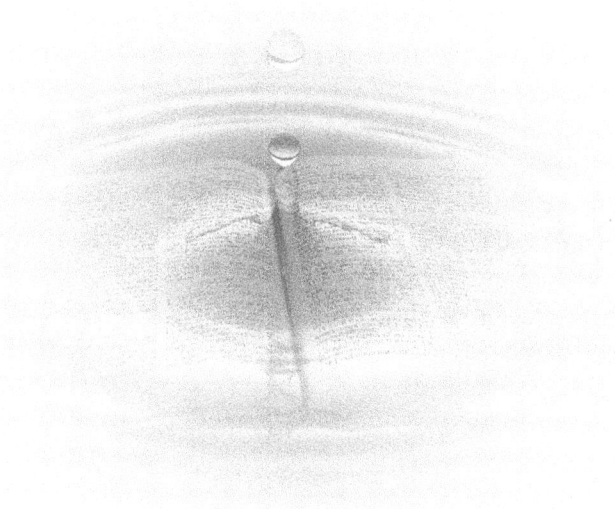

DEREK ✦ PRINCE

CURSO BÍBLICO AUTODIDACTA
(EDIÇÃO ACTUALIZADA E EXPANDIDA)
SELF-STUDY BIBLE COURSE

COPYRIGHT © 1969, 2007 DEREK PRINCE MINISTRIES-INTERNATIONAL

ESTA EDIÇÃO 2018

IMPRESSO POR DEREK PRINCE MINISTRIES
TODOS OS DIREITOS RESERVADOS.

ISBN 978-1-78263-473-7
PRODUCT CODE: B91POR

TODAS AS ESCRITURAS CITADAS SÃO DA NVI (NOVA VERSÃO INTERNACIONAL) DA BÍBLIA SAGRADA

NENHUMA PARTE DESTE LIVRO PODE SER REPRODUZIDA OU TRANSMITIDA EM QUALQUER FORMATO OU POR QUALQUER MEIO, SEJA ELECTRÓNICA OU MECANICAMENTE.
INCLUINDO FOTOCÓPIAS, GRAVAÇÕES OU QUALQUER ARMAZENAMENTO PARA RECUPERAÇÃO DE INFORMAÇÃO, SEM PERMISSÃO, DO PUBLICADOR, POR ESCRITO.

DESENHO DA CAPA: DPM-ASIA/PACIFIC

WWW.DEREKPRINCE.COM

INDICE

Introdução: Instruções para o Aluno 7
Legenda dos Nomes Bíblicos Abreviados 11
1. A Bíblia: A Palavra de Deus 15
2. O Plano de Deus Para a Salvação: Parte 1 24
3. O Plano de Deus Para a Salvação: Parte 2 33
4. Baptismo nas Águas: Como? Quando? Por que? 41
5. O Espírito Santo 49
6. Resultados do Baptismo no Espirito Santo 57
Primeira Avaliação de Progresso 66
7. Adoração e Oração 69
8. O Plano de Deus para Cura dos Nossos Corpos: Parte 1 78
9. O Plano de Deus para Cura dos Nossos Corpos: Parte 2 87
10. Testemunhando e Ganhando Almas 95
11. O Plano de Deus para Prosperidade 103

SEGUNDA AVALIAÇÃO DE PROGRESSO
12. O Plano Especial de Deus 115
13. Falhas e Redenção 124
14. Imagem de Jesus Cristo: Parte 1 133
15. Imagem de Jesus Cristo: Parte 2 142
16. Um Profeta como Moisés 152
Terceira Avaliação de Progresso 161
17. A Segunda Vinda de Cristo 163
18. Sinais da Segunda Vinda de Cristo....................................... 173
19. O Reino de Deus Estabelecido na Terra 181
20. Revisão e Aplicação Pessoal 193
Classificação do Curso 197
Glossário 199
Apêndice – Versículos do Antigo Testamento

INTRODUÇÃO: INSTRUÇÕES PARA O ALUNO

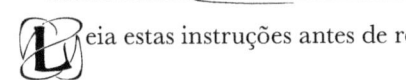 eia estas instruções antes de responder a qualquer pergunta!

Propósito do Curso Bíblico

Em praticamente todos os cantos do mundo alcançados pelo cristianismo, encontramos pessoas que gostariam de ser cristãs. No entanto sentem-se fracas, amedrontadas, desencorajadas e derrotadas. A razão deste facto é quase sempre a mesma: essas pessoas nunca aprenderam a estudar a Bíblia por si mesmas e a aplicar os seus ensinamentos às suas vidas de uma forma prática. É por isso que Deus diz, em Oseias 4:6, "O meu povo é destruído porque lhe falta o conhecimento". Quando uma pessoa vem ao conhecimento das verdades bíblicas, e aprende a aplicá-las de uma forma prática á sua vida, o resultado é sempre o mesmo: paz, vitória, sucesso e fruto.

Objectivo deste Estudo Bíblico

Este Estudo Autodidacta tem quatro objectivos principais:
1. Proporcionar-lhe uma base de conhecimento Bíblico sobre a qual poderá construir uma vida cristã forte.
2. Dar-lhe prática no manuseamento das Escrituras, e encontrar as promessas de Deus.
3. Treiná-lo na análise das Escrituras para que possa descobrir por si próprio o seu significado correcto;
4. Incutir-lhe o hábito de aceitar somente as coisas espirituais que possam ser provadas na Bíblia

Sistema de Referências Bíblicas

A tradução da Bíblia utilizada ao longo deste curso é da Nova Versão Internacional (NVI). A forma como estiver a sua tradução, pode ser um pouco diferente. Porém, as verdades ensinados neste curso são claras em qualquer versão de confiança.

Vai encontrar cada livro na Bíblia e seus nomes abreviados na página 11.

Introdução

Passagens das escrituras são dadas da seguinte forma: primeiro, o nome do livro; segundo, o capítulo; terceiro, o versículo. Por exemplo Ro. 3:23 é Romanos, capítulo 3, versículo 23.

Todas as Escrituras do Antigo Testamento estão identificadas com o símbolo (#) e podem ser encontrados no apêndice do fim deste livro.

DEFINIÇÕES DE PALAVRAS

Um glossário esta incluído no fim do livro e explica a definição e simbolismo para algumas das palavras mais difíceis que vai encontrar neste estudo. Procure no glossário quando não souber o significado da palavra. Fazem parte desse glossário as palavras marcadas com um (*) ao seu lado.

COMO REALIZAR OS ESTUDOS

No início de cada estudo há um pequeno parágrafo chamado "introdução". Este, dá-lhe um pequeno resume daquilo que irá aprender no ensinamento que segue. Leia sempre a introdução atentamente antes de tentar responder às perguntas.

Na primeira lição, (A Bíblia: A Palavra de Deus) tem vinte e quatro perguntas. Depois de cada pergunta há referências a uma ou mais passagens das Escrituras. Escreva sua resposta nas linhas em branco após a pergunta. Siga estes passos:

1. Leia a pergunta cuidadosamente.
2. Encontre a passagem Bíblica e leia com atenção até encontrar a resposta à pergunta.
3. Escreva numa linguagem simples a resposta que encontraste.

Por vezes, a resposta à pergunta está dividida entre duas ou mais partes. Nesses casos, os espaços para cada parte da resposta encontram-se numerados.

Como exemplo, aqui estão as primeiras duas perguntas do primeiro Estudo com as respostas certas.

1. Que nome deu Jesus às Escrituras? (João 10:35)
   A Palavra de Deus
2. O que Jesus disse, sobre a escritura mostrar a Sua autoridade? (João10:35)

Introdução

"A Escritura não pode ser anulada"
Encontre a passagem João 10:35 para ver se a resposta está certa.

Exercícios de Memorização

No início de cada estudo, existe um exercício para memorização. Terá de saber essa passagem de cor e escrever num cartão de memorização.

Pegue num cartão em branco e escreva num dos lados, no canto superior esquerdo o número da lição, depois a referência bíblica no meio seguida do título do estudo. A seguir, escreva no outro lado do cartão o versículo da Escritura.

Como Fazer este Curso

Escreva nos espaços apropriados as respostas a todas as perguntas da primeira lição, e depois, com a Bíblia fechada, escreva o exercício de memorização no espaço destinado a esse fim. Em seguida vira para a página de "Respostas Certas" para corrigir o seu trabalho. Se alguma dela não corresponder com a sua, leia novamente a pergunta e a passagem bíblica com atenção até compreender bem a razão para a "Resposta Correcta".

Na pagina seguinte às "Respostas Correctas" vai encontrar notas e explicações sobre as respostas. Leia estas notas e confirme os versículos indicados na Escritura.

Finalmente, avalie o seu próprio trabalho escrevendo á frente da sua resposta, a classificação que acha merecida. Se uma resposta tiver como classificação mais do que um ponto, atribua lhe a pontuação total, a não ser, que esteja tão completa como a "Resposta Certa". Lembre-se que as classificações pelo exercício de memorização são importantes!

Some a sua pontuação referente à primeira lição, e confira este total com o padrão de classificações que é dado no final das "Respostas Certas". 50% ou mais corresponde a "Suficiente"; 70% ou mais corresponde a "Bom"; e 80% ou mais corresponde a "Muito Bom".

O método para fazer as lições 18 e 20 é um pouco diferente mas claramente explicado no início da lição.

Lembre-se! Nunca passe à página das "Respostas Certas" de qualquer lição, antes de ter respondido a todas as perguntas dessa lição, incluindo o exercício de memorização!

Depois de completar a última lição vá para a página intitulada "Classificação do Curso" (pagina 197). Escreva a sua classificação de cada lição no espaço apropriado, some as classificações e avalie os resultados do curso na sua globalidade.

Um Último Conselho Pessoal

1. Antes de começar cada lição, ore a Deus, pedindo que o guie e lhe dê entendimento.
2. Não tenha pressa. Não necessita terminar toda a lição de uma só vez. Leia cada passagem da escritura várias vezes, até ter a certeza que compreendeu o seu significado. Muitas vezes será útil ler vários versículos antes e depois da passagem bíblica em questão, de forma a compreender o seu pleno significado.
3. Escreva de uma forma clara e perceptível. Não dê respostas mais longas do que o necessário. Use um lápis bem afiado ou uma esferográfica.
4. Dê especial atenção aos exercícios de memorização.
5. Ore diariamente, para que Deus o ajude a aplicar a sua vida as verdades que está a aprender.

CHAVE DE ABREVIATURAS DOS NOMES DOS LIVROS BÍBLICOS

Livros do Antigo Testamento

I A Lei
Génesis .... Gn.
Êxodo .... Êx.
Levítico .... Lsv.
Números .... Nm.
Deuteronómio .... Dt.

II História
Josué .... Js.
Juízes .... Jz.
Rute .... Rt.
1 Samuel .... 1 Sm.
2 Samuel .... 2 Sm.
1 Reis .... 1 Rs.
2 Reis .... 2 Rs.
1 Crónicas .... 1 Cr.
2 Crónicas .... 2 Cr.
Esdras .... Ed.
Neemias .... Ne.
Ester .... Et.

III Livros Poéticos
Jó .... Jó.
Provérbios .... Pv.

Eclesiastes .... Ec.
Cântico dos Cânticos .... Ct.

IV Profetas Maiores
Isaías .... Is.
Jeremias .... Jr.
Lamentações .... Lm.
Ezequiel .... Ez.
Daniel .... Dn.

V Profetas Menores
Oséias .... Os.
Joel .... Jl.
Amós .... Am.
Obadias .... Ob.
Jonas .... Jn
Miquéias .... Mq.
Naum .... Na.
Habacuque .... Hc.
Sofonias .... Sf.
Ageu .... Ag.
Zacarias .... Zc.
Malaquias .... Ml.

Livros do Novo Testamento

I Os Evangelhos

Mateus .... Mt.
Marcos .... Mc
Lucas Lc
João .... Jo.

III Histórico

Actos .... At

III Epístolas de Paulo

Romanos .... Rm.
1 Coríntios .... 1 Co.
2 Coríntios .... 2 Co.
Gálatas .... Gl.
Efésios .... Ef.
Filipenses .... Fp.
Colossenses .... Cl.
1 Tessalonicences .... 1 Ts.
2 Tessalonicenses .... 2Ts.
1 Timóteo .... 1Tm.
2 Timóteo .... 2 Tm.
Tito .... Tt.
Filémon .... Fm.
Hebreus .... Heb.

IV Epístolas Gerais

Tiago .... Tg.
1 Pedro .... 1Pe.
2 Pedro .... 2Pe.
1 João .... 1Jo.
2 João .... 2Jo.
3 João .... 3Jo.
Judas .... Jd.

V Profecia

Apocalipse .... Ap.

LIÇÃO N.º 1

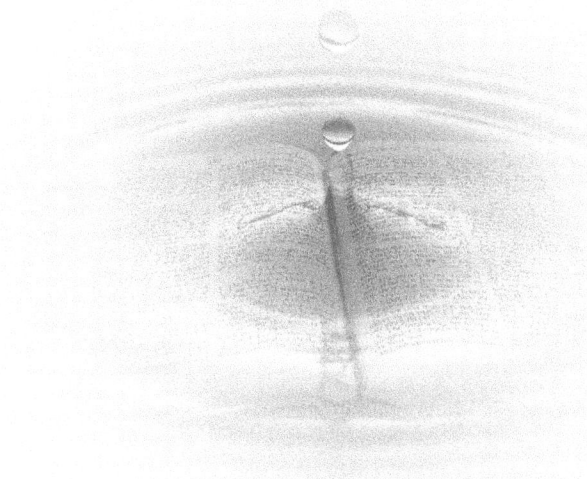

Fundações

Lição n.º 1 A BÍBLIA: A PALAVRA DE DEUS

Introdução:

A Bíblia é a própria Palavra de Deus. O grande presente de Deus para todas as pessoas de todo mundo. Deus nos deu esta oferta para nos ajudar a sair do nosso pecado, da miséria e das trevas.

A Bíblia não é um livro comum. Todas as palavras escritas nela são verdade. Esta cheia do poder e autoridade de Deus. Os homens que a escreveram foram inspirados e movidos pelo Espírito Santo de Deus para escreverem a verdade exactamente como Deus Lha deu.

Devemos ler a nossa Bíblia como se fosse o próprio Deus a falar connosco directa e pessoalmente. Pela Sua Palavra, Deus nos dará muitas coisas boas:
- Luz
- Entendimento
- Alimento Espiritual
- Saúde Física

As Palavras da Bíblia têm poder para:
- Nos limpar
- Nos santificar# (separado para Deus)
- Nos edificar
- Partilhar mos da Sua natureza (maneira de ser)
- Nos dar poder e sabedoria para vencer o inimigo

Exercício de memorização: 2 Timóteo 3:16-17

☐ Marque aqui depois de memorizar o verso.

Perguntas da Lição

1. Qual o nome dado por Jesus à escritura? (Jo. 10:35)

Lição n.º 1

2. O que é que Jesus disse acerca da escritura que mostra a sua autoridade? (Jo. 10:35)

   _____

3. Anote 2 coisas que David nos diz acerca da Palavra de Deus.

   (1) (Sl. 119:89)* _____

   (2) (Sl. 119:160) * _____

4. Como é que as escrituras foram dadas no princípio?

   (1) (2 Tm. 3:16) _____

   (2) (2 Pe. 1:20-21) _____

5. Que tipo de semente é que uma pessoa deve receber no seu coração para nascer de novo e ter vida eterna#? (1 Pe. 1:23)

   _____

   _____

6. Mencione 4 características das escrituras que são proveitosas para um Cristão. (2 Tm. 3:16)

   (1) _____ (2) _____

   (3) _____ (4) _____

7. Qual o resultado final na vida de um cristão que estuda e obedece à Palavra de Deus? (2 Tm. 3:17)

   _____

   _____

8. Qual é o alimento espiritual que Deus providenciou para os seus filhos? (1Pe. 2:2; Mt. 4:4)

   _____

9. Qual a importância dada por Jó às Palavras de Deus? (Job 23:12)*

   _____

A Bíblia: A Palavra de Deus

10. Quando Jeremias se alimentou da Palavra de Deus, o que é que ela se tornou para ele? (Jr. 15:16)*

   _____

11. Com é que um cristão recém convertido pode levar uma vida pura? (Sl. 119:9*)

   _____

12. Porque é que um Cristão deve esconder (armazenar) a Palavra de Deus no seu coração? (Sl. 119:11*)

   _____

13. Que 2 resultados é que a Palavra de Deus produz nos jovens, quando ela habita neles? (1 Jo. 2:14)

   (1) _____

   (2) _____

14. Como é que Jesus respondeu ao diabo de cada vez que foi tentado? (Mt. 4:4,7,10)

   _____

   _____

15. Qual é a espada que Deus deu aos cristãos como parte da sua armadura espiritual? (Ef. 6:17)

   _____

16. Quais são as 2 formas em Salmos 119 que mostra aos cristãos como andar neste mundo? (Sl. 119:105*)

   (1) _____

   (2) _____

Lição n.º 1

17. Quais as 2 coisas que a Palavra de Deus dá à mente de um cristão? (Sl. 119:130)*

    (1) _____ (2) _____

18. O que a Palavra de Deus oferece ao corpo de um cristão que a estuda cuidadosamente? (Pv. 4:20-22)*

    _____

19. Quando o povo de Deus estava doente e necessitado, o que é que Deus enviou para os curar e libertar#? (Sl. 107:20)*

    _____

20. Anote 4 coisas, mencionadas nos versículos que se seguem, que a Palavra de Deus faz pelo Seu povo:

    (1) (Jo. 15:3; Ef. 5:26) _____

    (2) (Jo. 17:17) _____

    (3) (At. 20:32) _____

21. Como é que um cristão prova o seu amor por Cristo? (Jo. 14:21)

    _____

22. A quem é que Jesus chamou de Sua mãe e Seus irmãos? (Lc. 8:21)

    _____

23. Como é que o amor de Deus é aperfeiçoado num cristão? (1 Jo. 2:5)

    _____

24. Anote 2 consequências que têm lugar nas nossas vidas quando afirmamos as promessas da Palavra de Deus? (2 Pe. 1:4)

    (1) _____

    (2) _____

A Bíblia: A Palavra de Deus

Exercício de Memorização: 2 Tm. 3:16-17
Escreva aqui estes versículos de cor

_____

_____

_____

NÃO VIRE A PÁGINA ANTES DE TER COMPLETADO TODAS AS RESPOSTAS DESTA LIÇÃO

_____

_____

_____

Lição n.º 1

RESPOSTAS CORRECTAS E CLASSIFICAÇÕES - LIÇÃO N.º 1

Pergunta	Resposta	Classificação
1.	A Palavra de Deus	1
2.	Não pode ser anulada	1
3.	(1) Ela está eternamente firmada no céu	1
	(2) Ela é toda verdadeira	1
4.	(1) Por inspiração de Deus	1
	(2) Homens santos de Deus falaram movidos pelo Espírito Santo	2
5.	A semente incorruptível (pura) da Palavra de Deus	2
6.	(1) Doutrina	1
	(2) Repreensão (Admoestar)	1
	(3) Correcção	1
	(4) Instrução em justiça #	1
7.	Ele é aperfeiçoado (completo) e perfeitamente equipado para toda a boa obra	2
8.	A Palavra de Deus	1
9.	Mais do que o seu alimento necessário	1
10.	O gozo e a alegria do seu coração	1
11.	Observando-a segundo a Palavra de Deus	2
12.	Para não pecar contra Deus	1
13.	(1) Torna-os fortes -	1
	(2) Ajuda-os a vencer o maligno (o diabo)	1
14.	Ele respondeu com a Palavra de Deus	1
15.	A Palavra de Deus.	1
16.	(1) Ela é uma lâmpada para os seus pés	1
	(2) Ela é uma luz para o seu caminho	1
17.	(1) Luz	1
	(2) Entendimento	1
18.	Saúde para todo o seu corpo	1
19.	Ele (Deus) enviou Sua Palavra	1
20.	(1) Ela limpa (lava como água pura)	1

A Bíblia: A Palavra de Deus

       (2) Ela santifica#... 1
       (3) Ela edifica (ensina) 1
       (4) Ela dá-lhes uma herança 1
21.   Ele tem os mandamentos de Cristo e os guarda.................2
22.   Àqueles que ouvem a Palavra de Deus e a executam 1
23.   Guardando a Palavra de Deus 1
24.   (1) Tornamo-nos participantes (partilhamos) da natureza
       divina 1
       (2) Escapamos à corrupção deste mundo 1

Consulte o cartão de memória para o exercício escrito de memorização.
Se estiver perfeita, 4 pontos por cada versículo 8
(menos um ponto para cada erro num versículo, se tiver mais que três erros, não recebe pontos para esse versículo.

                                                  TOTAL 49

25 respostas certas = 50%
34 respostas certas = 70%
39 respostas certas = 80%

APONTAMENTOS SOBRE AS RESPOSTAS CORRECTAS
– LIÇÃO N.º 1

(Os números na margem esquerda correspondem ao número da pergunta utilizada na página das Respostas Correctas)

1-2 É perfeitamente claro que Jesus aceitou as escrituras do Antigo Testamento, sem dúvidas nem hesitações, como sendo a Palavra inspirada de Deus e com autoridade. Ele baseou todos os Seus ensinamentos nestas escrituras. Jesus passou a Sua vida inteira em obediência e no cumprimento delas.

3. A Palavra de Deus teve origem no céu. A Palavra de Deus foi dada através de homens. Deus é a origem da Palavra.

4. (1) "a Escritura é inspirada por Deus"(2 Timóteo 3:16) literalmente, "Deus inspirou" (como "inspirar ar"). As palavras "sopro" e "espírito" são as mesmas tanto no Hebraico como no Grego. (Para um estudo mais detalhado sobre a inspiração e autoridade da Bíblia, veja o meu livro Manual do Crente cheio do Espírito, Parte 1, o alicerce para a Fé.)

5. Como a "semente incorruptível" da Palavra de Deus trabalha em nós? A semente é recebida pela fé # no coração, que aí germina através do Espírito Santo, produz vida divina, eterna # e incorruptível #. Incorruptível quer dizer que não pode estregar se.

6-8. Atente para "toda a escritura" (2 Tm. 3:16) e "toda a palavra" (Mt. 4:4). Para poder aprender as Escrituras, o Cristão tem de estudar e aplicar os ensinamentos de toda a Bíblia.

8-10. A Palavra de Deus dá o alimento apropriado para cada nível de desenvolvimento espiritual:
(1) "Leite" para os recém-nascidos (1 Pe.2:2); (2) "Pão" para os que estão a crescer (Mt. 4:4); (3) "Carne" (alimento sólido) para os "adultos" ou espiritualmente maduros. (Hb. 5:12-14).

11. Devemos aplicar os ensinamentos da Palavra de Deus em todas as áreas das nossas vidas.

12. Alguém disse: "Ou a Palavra de Deus te afastado pecado, ou o pecado te afastará da Palavra de Deus."

13-15. Em Ef. 6:13-17 Paulo refere seis partes da armadura espiritual que conferem ao Cristão protecção total. Mas de entre todas, apenas uma delas é arma de ataque, "a espada do Espírito" (v.17). Cada crente tem a responsabilidade de "desembainhar" esta espada que é a Palavra de Deus.

16. Veja 1 Jo. 1:7, "Se andarmos na luz...". "luz" na qual deveremos andar, e que é a Palavra d Deus, ela verdadeiramente permite que possamos ver enquanto caminhamos.

17-19. A Palavra de Deus alimenta o espírito, a mente e o corpo do cristão.

20. (4) Somente na Palavra de Deus é que nós conhecemos (a) nossa herança por direito em Cristo, e (b) aprendemos como obtê-la.

21-23. "Guardar a Palavra de Deus o distingue como discípulo de Cristo...
"A tua atitude para com a Palavra de Deus, é a mesma atitude para com o próprio Deus.
Não amas mais a Deus do que à Sua Palavra. Não obedeces mais a Deus do que à Sua
Palavra. Não honras mais a Deus do que a sua Palavra. Não tens mais espaço no teu coração
e na tua vida para Deus do que para a Sua Palavra." (Fundamentos para a Vida, Capitulo 2).

24. Quando cremos e obedecemos à Palavra de Deus, a própria natureza de Deus enche os nossos corações e vidas, e substitui a velha e corrupta natureza Adâmica#.

Lição n.º 2

Lição n.º 2 O PLANO DE DEUS PARA A SALVAÇÃO (PARTE 1)

Introdução:

O pecado é uma atitude. É uma atitude de rebelião dentro de cada um de nós e está em rebelião contra Deus. Pecado, traduz-se em actos exteriores de desobediência, que cria um afastamento, distância entre nós e Deus. Por isso, somos todos pecadores, e através das nossas vidas pecaminosas roubamos a Deus a glória que Lhe é devida.

O pecado tem três consequências;
1. Morte interior, no nosso espírito
2. Morte dos nossos corpos
3. Ser preso e torturado no sítio escuro longe de Deus para sempre

Cristo veio para nos salvar dos nossos pecados. Jesus mesmo, nunca pecou. Mas levou sobre Si os nossos pecados. Morreu em nosso lugar, e ressuscitou dos mortos. Jesus fez isto para que fossemos perdoados e tivéssemos uma vida eterna junto d'Ele.

Exercício de memorização: Rm. 6:23

☐ Marque aqui depois de memorizar o versículo. (reveja diariamente os versículos das lições anteriores.)

Perguntas da Lição

A. O Pecado e as Suas Consequências

1. Quem criou todas as coisas? (Ap. 4:11)

_____

O Plano de Deus Para a Salvação (Parte 1)

2. Anote três coisas que Deus é digno de receber. (Ap. 4:11)

   (1) _____ (2) _____ (3) _____

3. Quantas pessoas têm cometido pecado? (Rm. 3:23)

   _____

4. Quais foram os dois primeiros pecados que o homem cometeu? (Rm.1:21)

    (1) _____

    (2) _____

5. Quais foram as consequências? (Rm. 1:21)

    (1) Na mente do homem? _____

    (2) No coração do homem? _____

6. Anote duas características do coração humano (Jr. 17:9)*

    (1) _____

    (2) _____

7. Quem é a única pessoa que conhece a verdade sobre o coração humano? (Jr.17:10) *(Lc. 16:15)

    _____

8. Mencione 13 coisas más que saem do coração humano (Mc. 7:21-22)

    (1) _____ (2) _____

    (3) _____ (4) _____

    (5) _____ (6) _____

    (7) _____ (8) _____

    (9) _____ (10) _____

    (11) _____ (12) _____

    (13) _____

Lição n.º 2

9. O que é que Deus diz que a pessoa é quando pode fazer o bem, mas não o faz? (Tg. 4:17)

   _____

10. Se dissermos que não temos pecado, o que é que estamos a fazer a nós mesmos? (1 Jo. 1:8)

    _____

11. Se dissermos que não pecámos, o que é que estamos a fazer de Deus? (1 Jo. 1: 10)

    _____

12. Qual a consequência que o pecado trouxe sobre todos os homens? (Rm. 5:12; 6:23) (Tg. 1:15)

    _____

    _____

13. Qual será o fim de todos os pecadores não arrependidos#? (Mt. 25:41) (Ap. 20:12-15)

    _____

14. Indique oito tipos diferentes de pessoas que irão para o lago de fogo. (Ap. 21:8)

    (1) _____ (2) _____
    (3) _____ (4) _____
    (5) _____ (6) _____
    (7) _____ (8) _____

B. O Propósito da Morte e da Ressurreição# de Cristo

15. Com que propósito é que Cristo veio ao mundo? (1 Tm. 1:15)

    _____

O Plano de Deus Para a Salvação (Parte 1)

16. Quem é que Cristo chamou, e quem é que Ele recebeu? (Mt. 9:13) (Lc.15:2)

    _____

    _____

17. Cristo cometeu algum pecado? (Hb. 4:15) (1 Pe. 2:22)

    _____

18. O que é que Cristo levou por nós na cruz? (1 Pe. 2:24)

    _____

19. Com que objectivo é que Cristo morreu na cruz? (1 Pe. 3:18)

    _____

20. Quais os três factos que Paulo ensinou, acerca do evangelho de Cristo? (1 Co. 15:3-4)

    (1)_____

    (2)_____

    (3)_____

21. Uma vez que Cristo está vivo para todo o sempre, o que é que Ele pode fazer por aqueles que se chegam a Ele? (Hb. 7:25)

    _____

22. Aponte três coisas que são oferecidas a todos os homens no nome de Jesus. (Lc. 24:47) (At. 4:12)

    (1)_____

    (2)_____

    (3)_____

Lição n.º 2

Exercício de Memorização: Rm. 6:23
Escreva aqui o versículo de cor

_____

_____

_____

_____

NÃO VIRE A PÁGINA ANTES DE TER COMPLETADO TODAS AS RESPOSTAS DESTA LIÇÃO

_____

_____

_____

Lição nº 2: O PLANO DE DEUS PARA A SALVAÇÃO
RESPOSTAS CORRECTAS E CLASSIFICAÇÕES

Pergunta	Resposta	Classificação

1. Deus (O Senhor) 1
2. (1) Glória 1
   (2) Honra 1
   (3) Poder 1
3. Todos pecaram e estão destituídos da glória de Deus 1
4. (1) Não glorificaram# a Deus; 1
   (2) Não lhe deram graças 1
5. (1) Os seus raciocínios tornaram-se fúteis (enganosos). 1
   (2) Os seus corações insensatos obscureceram-se 1
6. (1) É enganoso mais do que todas as coisas 1
   (2) É incorrigível e doença é incurável (desesperadamente corrupto) 1
7. O Senhor (Deus) 2
8. (1) Maus pensamentos 1
   (2) Adultérios (sexo imoral). 1
   (3) Prostituições (sexo pervertido) 1
   (4) Homicídios 1
   (5) furtos 1
   (6) Avareza (ganância) 1
   (7) Maldades 1
   (8) Engano(batota) 1
   (9) Lascívia (luxúria) 1
   (10) Inveja 1
   (11) Blasfémia (palavrões) 1
   (12) Soberba 1
   (13) Loucura (tolice) 1
9. Deus chame de pecado (pecador) 1
10. Enganamo-nos a nós mesmos 1
11. Fazemos de Deus mentiroso 1
12. Morte 1

Lição n.º 2

13. Fogo eterno; lago de fogo; segunda morte 1
14. (1) Covardes 1
    (2) Incrédulos 1
    (3) Abomináveis (odiar) 1
    (4) Homicidas 1
    (5) Adúlteros (imorais sexuais) 1
    (6) Feiticeiros (bruxas) 1
    (7) Idólatras (adoradores de ídolos) 1
    (8) Todos os mentirosos 1
15. Para salvar os pecadores 1
16. Cristo chamou e recebeu pecadores 1
17. Não, nenhum 1
18. Os nossos pecados 1
19. Para levar-nos a Deus 1
20. (1) Cristo morreu pelos nossos pecados 1
    (2) Foi sepultado 1
    (3) Ressuscitou ao terceiro dia 1
21. Salvá-los perfeitamente (totalmente) 1
22. (1) Arrependimento# 1
    (2) Remissão# dos pecados 1
    (3) Salvação# 1

Consulte o cartão de memória para o exercício escrito de memorização.
Se estiver perfeita, 4 pontos para o versículo. 4
(menos um ponto para cada erro num versículo, se tiver mais que três erros, não recebe pontos nesse versículo.

TOTAL 55

27 respostas certas = 50%
38 respostas certas = 70%
43 respostas certas = 80%

APONTAMENTOS SOBRE AS RESPOSTAS CORRECTAS
– LIÇÃO N.º 2

(Os números na margem esquerda correspondem ao número da pergunta utilizada na página das Respostas Correctas)

1-4. O pecado do homem reside na sua incapacidade para cumprir a função que lhe foi dada por Deus. O homem foi criado para glorificar# a Deus. "Ele é a imagem e glória de Deus" (1 Co. 11:7). Todo o comportamento humano que não glorifica a Deus é pecaminoso.

3. "Estão destituídos da glória de Deus". O que isto quer dizer? Podemos imaginar uma seta que é atirada em direcção a um alvo, mas sem o atingir. O "alvo" da existência humana é "glorificar a Deus". Contudo, a Bíblia diz que todos ficaram aquém deste alvo. (Lê Fp. 3:14).

6-8. Todas estas passagens falam do "coração" em geral. Elas descrevem a condição no interior de todos os homens. "Todos os homens" se refere a toda a humanidade e seus corações.

8. Nem todos os pecados são cometidos por todos os homens. Mas podemos encontrar as "sementes" de todo pecado em todos os corações. Duas coisas trabalham em conjunto, para decidir se destas sementes crescerá um pecado na vida de uma pessoa. (1) Os limites da natureza moral da pessoa, e o desejo (2) Em que a pessoa vive e com quem convive.

9. Pecamos quando fazemos algo que Deus proíbe. Também pecamos quando omitimos e recusamos fazer algo que Deus ordena. A culpa é a mesma quando não fazermos o que é bom e justo. Leia Mt. 25:3, 25, 45. Todos foram condenados por aquilo que não fizerám. Elas são as virgens insensatas, o servo negligente e as nações "bode" (descrentes).

13. Existem dois lugares diferentes: (1) "Inferno" (chamado "Sheol" ou Hades) é um lugar onde as almas estão antes da ressurreição# e do julgamento#, (Lc. 16:23); e (2) Gehenna ou lago de fogo, é um lugar de castigo depois da ressurreição# e julgamento#. (Ap.20:12-15). O lago de fogo é o útimo lugar de tortura sem fim para pessoas perversas e anjos caídos.

14. As pessoas covardes e os incrédulos são condenados. Quantas pessoas que parecem ser religiosas estarão aqui incluídas nesta descrição?

18. Por um tempo o pecado foi "coberto" pelos sacrifícios da lei de Moisés. (Veja Hb. 10:1-4). Mas pela morte de Jesus, o pecado e iniquidade jamais serão lembradas. (Ver Hb. 10:11-18).

19. O pecado não perdoado separa Deus e o homem (Is. 59:2)*. O pecado foi aniquilado por Cristo na cruz. A partir daí, o caminho foi aberto para que o homem pudesse voltar a Deus. Todas as barreiras que ainda existem, estão do lado do homem e não de Deus.

20. A fé# está assente na verdade. O evangelho ou boas novas, baseia-se nestes três simples factos históricos.

21. "Definitivamente" (Hb. 7:25) quer dizer "completamente" . Inclui todas as necessidades de todos os pecadores neste tempo e para sempre. Jesus é mais do que suficiente para todos, até ao fim do tempo e na eternidade#.

Lição n.º 3 O PLANO DE DEUS PARA A SALVAÇÃO (PARTE 2)

Introdução

Deus oferece a salvação# através da nossa fé# em Jesus Cristo. Somos salvos por meio da nossa fé# em Jesus, não através de uma religião ou boas obras.

Para aceitar a oferta de Deus para a salvação# temos de fazer quatro coisas:
1. Reconhecer que pecamos e arrependermo-nos (abandonar o nosso pecado)
2. Acreditar que Cristo morreu por nós e ressuscitou
3. Receber o Cristo ressurrecto pela fé# como nosso Salvador pessoal
4. Confessar# publicamente a Cristo como nosso Senhor. (contar aos outros que Jesus é o Senhor)

Quando recebemos a Cristo desta forma acontece o seguinte:
Ele passa a habitar continuamente nos nossos corações
Ele dá-nos a vida eterna
Ele dá-nos o poder para levarmos uma vida de rectidão
Ele dá-nos a vitória sobre o pecado.

Exercício de memorização: Jo. 1:12-13

Marque aqui depois de memorizar o versículo. (reveja diariamente os versículos das lições anteriores.)

Perguntas da Lição

C. Como Podemos Receber a Salvação#

23. Quando é que devemos buscar a salvação? (2 Co. 6:2) (Pv. 27:1)*

_____

24. Podemos salvar-nos através das nossas boas obras? (Ef. 2:8-9) (Tt 3:5)

_____

Lição n.º 3

25. Podemos ser salvos ao guardarmos a lei? (Rm. 3:20)

   _____

26. Se desejamos a misericórdia de Deus, quais as duas coisas que temos de fazer? (Pv. 28:13)*

   (1) _____

   (2) _____

27. Se confessarmos# os nossos pecados, que duas coisas é que Deus irá fazer por nós? (1 Jo. 1:9)

   (1) _____

   (2) _____

28. Como Deus purifica os nossos corações de todo o pecado? (1 Jo. 1:7)

   _____

29. Se desejamos ser salvos, que duas coisas é que temos de fazer? (Rm. 10:9-10)

   (1) Com o nosso coração? _____

   (2) Com a nossa boca? _____

   _____

30. Se nos chegarmos a Cristo, será que Ele nos irá rejeitar? (Jo. 6:37)

   _____

31. Se abrirmos os nossos corações para Jesus, qual foi a promessa que Ele nos deu? (Ap 3:20)

   _____

32. Se recebermos Cristo, o que é que Ele nos vai dar? (Jo. 1:12)

   _____

O Plano de Deus para a Salvação (Parte 2)

33. Qual é o resultado da experiencia? (Jo. 1:13) (Jo.3:3)

   _____

34. Quando recebemos Cristo, o que é que Deus nos dá através Dele? (Rm. 6:23)

   _____

35. É possível sabermos se temos vida eterna#? (1 Jo. 5:13)

   _____

36. Que comprovativo Deus nos dá sobre Cristo? (1 Jo. 5:11)

   _____

37. Se já recebemos Jesus, o Filho de Deus, o que é que temos? (1 Jo. 5:12 13)

   _____

D. A Salvação# dá Poder para Vencer o Mundo e o Diabo

38. Depois de recebermos Cristo, quem é que vive em nossos corações pela fé? (Gl. 2:20) (Ef. 3:17)

   _____

39. O que é que podemos fazer com a força que Cristo nos dá? (Fp. 4:13)

   _____

40. Se confessarmos# a Jesus diante dos homens, o que é que Ele irá fazer por nós? (Mt.10:32)

   _____

Lição n.º 3

41. Se negarmos a Cristo diante dos homens, o que é que Ele irá fazer por nós? (Mt.10:33)

   _____

42. Que tipo de pessoa, é capaz de vencer o mundo e as suas tentações?
   (1) (1 Jo. 5:4) _____
   (2) (1 Jo. 5:5) _____

43. Porque é que os filhos de Deus são capazes de vencer o mundo? (1 Jo. 4:4)

   _____

44. Em duas maneiras descreve, como é que o povo de Deus vence o diabo? (Ap. 12:11)
   (1) _____
   (2) _____

45. Quem é que Deus prometeu receber no céu como Seu filho? (Ap. 21:7)

   _____

Exercício de Memorização: João 1:12-13
Escreva aqui estes versículos de cor

_____

_____

_____

_____

NÃO VIRE A PÁGINA ANTES TER COMPLETADO TODAS AS RESPOSTAS DESTA LIÇÃO

O Plano de Deus para a Salvação (Parte 2)

Respostas Correctas e classificações . Lição N.º 3

Pergunta#	Respostas	Classificação
23.	Agora, hoje	1
24.	Não	1
25.	Não	1
26.	(1) Confessar# os nossos pecados	1
	(2) Abandonar (deixar para trás) os nossos pecados	1
27.	(1) Perdoar os nossos pecados	1
	(2) Purificar-nos de toda a injustiça (dos caminhos imorais e maus)	1
28.	O Sangue de Jesus Cristo, o Filho de Deus	1
29.	(1) Crer que Deus ressuscitou Jesus dos mortos	1
	(2) Confessar# Jesus como Senhor	1
30.	Não	1
31.	"Entrarei"	1
32.	O poder de sermos feitos filhos de Deus	1
33.	Somos nascidos de Deus (nascidos de novo)	1
34.	Vida eterna#	1
35.	Sim (João escreveu com esse propósito)	1
36.	Deus deu-nos vida eterna# em Cristo Jesus	2
37.	Vida eterna	1
38.	Cristo vive em nossos corações	1
39.	Todas as coisas (que Deus quer que façamos)	1
40.	Irá confessar#-nos diante do Seu Pai celestial	1
41.	Irá negar-nos diante do Seu Pai celestial	1
42.	(1) Aquele que é nascido de Deus (pela sua fé#)	1
	(2) Aquele que crê que Jesus é o Filho de Deus	1
43.	Porque maior é o que está neles (Deus) do que o que está no mundo (diabo)	2
44.	(1) Pelo Sangue do Cordeiro (Cristo Jesus)	1
	(2) Pela palavra do seu testemunho#	1
45.	O vencedor	1

Lição n.º 3

Consulte o cartão de memória para o exercício escrito
de memorização. Se estiver perfeita, 4 pontos por cada versículo............................8
(menos um ponto para cada erro num versículo, se tiver mais que três erros, não recebe pontos nesse versículo.

TOTAL 38

19 respostas certas = 50%
27 respostas certas = 70%
30 respostas certas = 80%

Apontamentos sobre as Respostas Correctas
– Lição N.º 3

(Os números na margem esquerda correspondem ao numero da pergunta utilizada na pagina das Respostas Correctas)

24-25   A Bíblia exclui todas as tentativas do homem para se salvar a si mesmo ou para se justificar#. O homem não pode ser salvo sem a graça de Deus. Essa graça salvadora é recebida pela fé em Jesus Cristo.

25.   A lei não foi dada para justificar#. A lei foi dada ao homem para mostrar que ele é um pecador e que não pode salvar a si mesmo (Ver Rm. 3:20 e Rm. 7:7-13).

26.   Se o homem apenas confessar# o pecado sem o abandonar não poderá obter a misericórdia de Deus (Veja e compare com Is. 55:7*). Abandonar quer dizer "deixar completamente para trás)

27.   Quando Deus perdoa o pecado, Ele também purifica o coração do pecador. Uma vez purificado, não continua a cometer os pecados que confessou#.

28.   O homem não tem cura para o seu coração pecaminoso. Sómente o sangue de Jesus Cristo pode limpar e reparar o coração.

29.   (2) "Confessar# Jesus como Senhor". Esta tradução é mais precisa do que outras traduções (Veja e compare com 1 Co. 12:3 e Fp. 2:11).

31.   Repare que as palavras de Jesus em Ap. 3:20 são dirigidas a uma igreja em Laodiceia). A igreja professava ser Cristã. Mas o próprio Jesus Cristo foi colocado de lado (deixado fora) desta igreja e Ele tentava entrar. Quantas igrejas Cristãs de hoje em dia são como esta? A promessa de Jesus de "entrar", é feita a cada um de nós individualmente. A promessa não foi feita para uma igreja como uma congregação inteira. A decisão para receber Cristo é sempre uma questão individual.

32.   Poder – ou, mais correctamente, autoridade.

33.   João 3:1-7 diz-nos que temos de nascer de novo. João 1:12-13 diz-nos como podemos (da vontade de Deus) nascer de novo. Recebendo Jesus Cristo como nosso Senhor e Salvador pessoal.

Lição n.º 3

34. Em Rm. 6:23 compare as palavras, sálario e dom. Repare na diferencia entre: "salário" = a recompensa justa pelos pecados que cometemos; "dom" = o dom gratuito e imerecido, favor da graça de Deus.

38. A vida cristã continua da mesma forma que começa, pela fé#. "Portanto, assim como vocês receberam a Cristo Jesus, o Senhor, continuem a viver Nele," (Co. 2:6) Recebemos Cristo pela fé#. Andamos em Cristo pela fé#. (2 Co. 5:7).

39. Literalmente: "Tudo posse naquele (Cristo) que me dá o poder" (Fp. 4:13).

40-41. Cristo é "o Sumo Sacerdote da nossa confissão" (Hb. 3:1).Quer dizer que, Jesus trabalha como nosso Sumo Sacerdote. Diante do Seu Pai ele intercede por nós, usando nosso nome. Mas ele somente faz isso quando confessamos# a Ele. Se não houver confissão#, não teremos um Sumo Sacerdote para clamar por nós. (Compare com Hb. 4:14 e 10:21-23). Em último recurso, temos apenas duas alternativas: "confessar" ou "negar". Não existe meio termo.

44. "Pelo Sangue do Cordeiro e pela palavra do nosso testemunho" (Ap. 12:11). Temos que testemunhar, pessoalmente, aquilo que a Palavra de Deus diz sobre o que o sangue de Jesus Cristo faz por nós. Alguns dos grandes benefícios recebidos pelo sangue de Cristo são : redenção (Ef. 1:7); purificação (1 Jo. 1:7); justificação# (Rm. 5:9; santificação (Hb. 13:12).

45. Compare com Rm. 12:21. Em último recurso, há apenas duas escolhas: ou vencer, ou ser vencido. Mais uma vez não existe meio termo.

Baptismo na Águas: Como? Quando? Porquê?

Lição n.º 4 BAPTISMO NA ÁGUAS: COMO? QUANDO? PORQUÊ?

INTRODUÇÃO:

Jesus disse: "Quem crer e for baptizado será salvo" (Mt. 16:16). O caminho para a salvação# dada por Deus aindo é o mesmo: Primeiro, crer; depois ser baptizado.

Crer em Cristo produz uma transformação interior nos nossos corações. Ser baptizado nas águas é um acto exterior de obediência a Deus. Através do qual damos testemunho da mudança que ocorreu no interior do nosso coração.

O Baptismo nos torna um com Cristo na sua morte e na sua ressurreição#. Somos separados da vida velha de pecado e derrota. Quando saímos da água, trazemos uma nova vida de justiça# e vitória. Isso só é possível pelo poder de Deus em nós.

As escrituras neste estudo explicam muito cuidadosamente como, quando e porque é que temos de ser baptizados.

EXERCÍCIO DE MEMORIZAÇÃO: Ro. 6:4

Marque aqui depois de memorizar o versículo. (reveja diariamente os versículos das lições anteriores.)

PERGUNTAS DA LIÇÃO

1. Qual foi a razão que Jesus deu para Ele ser baptizado? (Mt. 3:15)

   _____

   _____

2. Como é que o Espírito Santo mostrou que Deus se agradou com o baptismo de Jesus? (Mt. 3:16)

   _____

Lição n.º 4

3. O que é que Deus o Pai disse sobre Jesus quando Ele foi baptizado? (Mt. 3:17)

_____

4. Jesus entrou na água para ser baptizado? (Mt. 3:16)

_____

5. Se uma pessoa deseja ser salva, o que Jesus disse que essa pessoa deve fazer depois de crer no evangelho? (Mc. 16:16)

_____

6. O que é que Jesus disse aos Seus discípulos para fazerem às pessoas antes de as baptizarem? (Mt. 28:19)

_____

7. A quem é que Jesus enviou os Seus discípulos com esta mensagem? (Mt. 28:19)

_____

8. O que Jesus espera que as pessoas façam depois de serem baptizadas? (Mt. 28:20)

_____

9. O que é que Pedro disse às pessoas para fazerem antes de serem baptizadas? (At. 2:38)

_____

10. Quantas pessoas é que Pedro disse que deviam ser baptizadas? (At. 2:38)

_____

11. Como agiram as pessoas que receberam a Palavra de Deus de bom grado? (At. 2:41)

_____

Baptismo na Águas: Como? Quando? Porquê?

12. O que é que as pessoas de Samaria fizeram depois de crerem na pregação de Filipe? (At. 8:12)

    _____

13. O que é que Filipe disse que o eunuco tinha de fazer antes de ser baptizado? (At. 8:37)

    _____

14. Como é que o eunuco respondeu? (At. 8:37)

    _____

15. O eunuco entrou na água para ser baptizado? (At. 8:38)

    _____

16. Como é que o eunuco se sentiu depois de ser baptizado? (At. 8:39)

    _____

17. Depois de Cornélio e os seus amigos terem sido salvos e recebido o Espírito Santo, o que apostolo Pedro lhes ordenou que fizessem a seguir? (At. 10:44-48)

    _____

18. O que o carcereiro da prisão de Filipos e a sua família fizeram depois de crerem na mensagem de Paulo? (At. 16:29-33)

    _____

19. O que é que os discípulos de Éfeso fizeram depois de crerem na mensagem de Paulo? (At. 19:4, 5)

    _____

20. Quais são os dois exemplos de Cristo que seguimos quando somos baptizados? (Rm. 6:4) (Cl. 2:12)

    (1) _____ (2) _____

Lição n.º 4

21. Como é que Paulo diz que os crentes devem viver depois de serem baptizados? (Rm. 6:4)

   _____

22. Existe alguma diferença entre crentes de raças diferentes, depois de serem baptizados? (Gl. 3:26-28)

   _____

23. Mencione dois exemplos de baptismo nas águas citados no antigo Testamento e que são referidos no Novo Testamento:

   (1) (1 Co. 10:1-2) (Ex.14:21-22)* _____

   _____

   (2) (1 Pe. 3:20- 21); (Gn. 6:17-18)* _____

   _____

Exercício de Memorização: Rm. 6:4
Escreva aqui este versículo de cor

_____

_____

_____

_____

NÃO VIRE A PÁGINA ANTES DE TER COMPLETADO TODAS AS RESPOSSTAS DESTA LIÇÃO

Baptismo na Águas: Como? Quando? Porquê?

RESPOSTAS CORRECTAS E CLASSIFICAÇÕES . LIÇÃO N.º 4

#Pergunta	Resposta	Classificação

1. "Assim nos convém cumprir toda a justiça#"..................2
2. O Espirito Santo desceu como pomba e pousou sobre Ele.......2
3. "Este é o meu filho amado, em quem me comprazo"..............2
4. Sim...1
5. Deve ser baptizada..1
6. Disse para fazer discípulos (ensinassem)......................1
7. A todas as nações..1
8. Fazer tudo que Jesus tem mandado; obedecer a todas as coisas que Jesus tem mandado...................................2
9. Para se arrependerem #...1
10. Todas as pessoas...1
11. Foram baptizadas..1
12. Foram baptizados..1
13. Crer de todo coração..1
14. Creio que Jesus Cristo é o Filho de Deus......................1
15. Sim...1
16. Cheio de alegria, seguiu o seu caminho........................1
17. Que fossem baptizados...1
18. Foram todos baptizados..1
19. Foram baptizados..1
20. (1) A sua morte 1
    (2) A Sua ressurreição#.......................................1
21. Devem andar em novidade de vida...............................2
22. Não existe diferença..1
23. (1) Os Israelitas atravessando o Mar Vermelho 2
    (2) Noé e a sua família passando pelo dilúvio na Arca........2

Lição n.º 4

Consulte o cartão de memória para o exercício escrito de memorização.
Se estiver perfeita, 4 pontos para o versículo. 4
(menos um ponto para cada erro num versículo, se tiver mais que três erros, não recebe pontos nesse versículo.

TOTAL 36

18 respostas certas = 50%
25 respostas certas = 70%
29 respostas certas = 80%

Apontamentos sobre as respostas correctas
– Lição N.º 4

(Os números na margem esquerda correspondem ao numero da pergunta utilizada na página das Respostas Correctas)

1-4 O baptismo de João era um "baptismo de arrependimento", acompanhado pela confissão dos pecados (Mc. 1:4-5). Mas Jesus não tinha pecados para confessar, ou dos quais se arrepender. Jesus demonstrou obediência á vontade de Deus. Ao fazer isto, Ele serviu de exemplo para outros. Jesus deu esta razão: "…convém que assim façamos, para cumprir toda a justiça" (Mt. 3:15)

A palavra "assim" refere-se ao perfeito exemplo do baptismo de Jesus: e entrar, e sair da água, estabelece a forma de baptismo. "Nos convém" refere-se ao exemplo de obediência perfeita de Jesus para todos os crentes sinceros imitarem. "Cumprir toda a justiça#" estabelece a razão perfeita: para completar toda a justiça#.

Primeiro, o cristão torna-se justo# pela sua fé# em Cristo. Depois, ao ser baptizado, completa esta justiça# de fé# interior através do acto exterior de obediência.

Entendendo desta forma, o mandamento do baptismo tem a aprovação das três Pessoas da Trindade: Pai, Filho e Espírito.

5,6,9, 13.

Antes de ser baptizada, uma pessoa deve preencher as três condições seguintes: (1) aprender a natureza e a razão do baptismo; (2) arrepender#-se dos seus pecados; (3) crer em Jesus Cristo como filho de Deus.

7, 10,11, 12, 17, 18, 19.

Jesus disse aos seus discípulos que o baptismo era para "todas as nações". Não deveria haver excepções. Em cumprimento disto, o que foi registado no Novo Testamento revela que todos os novos convertidos eram sempre baptizados sem demora. Na maioria dos casos, o baptismo ocorria no mesmo dia da conversão. Nunca houve uma espera demorada entre a conversão e o baptismo. Não há qualquer razão para que este padrão não seja seguido hoje em dia, tal como acontecia no tempo da igreja primitiva.

8, 20, 21.

Através do baptismo, os Cristãos identificam-se publicamente com Cristo na Sua morte e ressurreição#. Depois do baptismo, deverão levar uma

Lição n.º 4

nova vida de justiça#, A nova vida é possível pela graça e poder do Espírito Santo.

23. (1) 1 Co. 10:1-2

Representa um baptismo duplo para o povo de Deus: "estiveram sob a nuvem e todos passaram pelo mar. O baptismo "debaixo da nuvem" exemplifica ou demonstra o baptismo no Espírito Santo. O baptismo "pelo mar" exemplifica ou demonstra o baptismo nas águas. (2) Pela fé#, Noé e a sua família entraram na arca (= Cristo). Depois, na arca, passaram pelas águas do dilúvio (= baptismo). Desta forma foram salvos do julgamento# de Deus. Eles foram separados do mundo velho que estava afastado de Deus e conduzidos a uma vida totalmente nova.

O Espírito Santo

Lição n.º 5 O ESPÍRITO SANTO

INTRODUÇÃO:

Jesus estava completamente dependente do Espírito Santo durante todo os Seu ministério aqui na terra,

O Espírito Santo desceu sobre Ele no rio Jordão. Antes dessa altura Ele nunca pregou um sermão nem operou nenhum milagre. Depois disso, tudo o que Ele fez, foi pelo poder do Espírito Santo.

Quando Jesus estava prestes a ascender ao céu, Ele fez uma promessa aos Seus discípulos. Ele prometeu que lhes enviaria o Espírito Santo do céu. Ele fez isto para que eles também tivessem o Espírito Santo. Esta promessa foi cumprida no dia de Pentecostes quando foram todos baptizados no Espírito Santo. O Espírito Santo ajudava-os e cuidava de todas as suas necessidades espirituais.

EXERCÍCIO DE MEMORIZAÇÃO: AT. 2:38-39

Marque aqui depois de memorizar o versículo. (reveja diariamente os versículos das lições anteriores.)

PERGUNTAS DA LIÇÃO

1. Jesus foi ungido por Deus Pai, para o seu ministério terreno, com o quê? (At. 10:38)

   _____

2. O que é que João Baptista viu descer e permanecer sobre Jesus? (Jo. 1:32-33)

   _____

3. O que Jesus disse que estava sobre Ele, capacitando-O a pregar e a ministrar aos necessitados? (Lc. 4:18)

   _____

Lição n.º 5

4. Por meio de que poder é que Jesus disse que expulsava demónios? (Mt. 12:28)

5. Quem é que Jesus disse que enviaria do Pai para os Seus discípulos depois de ele próprio regressar ao céu? (Jo. 14:16,26; 15:26)

6. Qual a expressão empregue por Jesus para descrever o Ajudador (Consolador)? (Jo.14:17; 15:26)

7. Indique duas coisas que Jesus disse que o Espírito Santo iria fazer pelos discípulos. (Jo. 14:26)

   (1) _____
   (2) _____

8. Mencione outra das formas pela qual Jesus disse que o Espírito Santo iria ajudar os discípulos. (Jo. 16:13)

9. Anote duas formas pelas quais o Espírito Santo iria revelar Jesus aos Seus discípulos.

   (1) (Jo. 15:26) _____
   (2) Jo. 16:14) _____

10. Quando é que Jesus disse que os discípulos receberiam poder para serem testemunhas d´Ele em Jerusalém? (At. 1:8)

11. O que João Baptista disse ao povo que Jesus iria fazer por eles? (Mc. 1:8)

O Espírito Santo

12. O que Jesus prometeu dar aos Seus discípulos antes d'Ele ascender ao céu? (At. 1:5)

13. O que é que Jesus disse aos Seus discípulos para fazerem até essa promessa ser cumprida? (Lc. 24:49)

14. Como prometido por Jesus, em que dia é que o Espírito Santo veio sobre os discípulos? (At. 2:1-4)

15. Porque é que o Espírito Santo não podia ser dado aos discípulos durante o ministério terreno de Jesus? (Jo. 7:39)

16. Depois de Jesus ter regressado ao Seu lugar de glória à direita de Deus, O que Ele recebeu do Pai? (At. 2:33)

17. Como é que os descrentes que estavam presentes podiam saber que Jesus havia derramado o Espírito Santo sobre os Seus discípulos? (At. 2:33)

18. O que é que esses descrentes ouviam os discípulos fazer pelo poder do Espírito Santo? (At. 2:7-8)

19. Sobre quem é que Deus promete derramar o Seu Espírito nos últimos dias? (At. 2:17)

Lição n.º 5

20. Para quem é que Pedro diz que o prometido dom do Espírito Santo está disponível? (At. 2:39)

_____
_____
_____

21. Que boa dádiva é que Deus o Pai irá dar a todos os Seus Filhos que lha pedirem? (Lc. 11:13)

_____

**Exercício de Memorização: At. 2:38, 39
Escreva aqui estes versículos de cor**

_____
_____
_____

NÃO VIRE A PÁGINA ANTES DE TER COMPLETADO TODAS AS RESPOSTAS DESTA LIÇÃO

O Espírito Santo

Respostas Correctas e classificações . Lição N.º 5

Pergunta #	Resposta	Classificação

1. Com o Espírito Santo e poder 1
2. O Espírito (Santo) em forma de pomba 1
3. O Espírito do Senhor.. 1
4. Pelo Espírito de Deus... 1
5. O Consolador (Ajudador) Espírito Santo 1
6. O Espírito da verdade 2
7. (1) Ensinar-vos-á todas as coisas 1
   (2) Far-vos-á lembrar de tudo o que vos tenho dito 2
8. Ele vos guiará em toda a verdade... 1
9. (1) Ele testificará de mim (Jesus) 1
   (2) Ele (Jesus) me glorificará#.. 1
10. Ao descer sobre vós o Espírito Santo 1
11. Ele vos baptizará com o Espírito Santo 1
12. Sereis baptizados com o Espírito Santo, não muito depois destes dias 2
13. Ficai na cidade (Jerusalém) até que do alto sejais revestidos de poder 2
14. No dia de Pentecostes (chamado Shabuoth em Hebraico)..... 1
15. Porque Jesus ainda não tinha sido glorificado#....................... 1
16. A promessa do Espírito Santo 1
17. Eles podiam ver e ouvir 1
18. Ouviam falar nas línguas de todos os países de onde os descrentes tinhamvindo 2
19. Sobre toda a carne (todos as pessoas) 1
20. Para vós, vossos filhos, e todos os que estão longe; para todos quantos Deus nosso Senhor chamar 3
21. O Espírito Santo... 1

Lição n.º 5

Consulte o cartão de memória para o exercício escrito de memorização.
Se estiver perfeita, 4 pontos por cada versículo 8
(menos um ponto para cada erro num versículo, se tiver mais que três erros, não recebe pontos para esse versículo.)

TOTAL 38

19 respostas certas = 50%
27 respostas certas = 70%
30 respostas certas = 80%

APONTAMENTOS SOBRE AS RESPOSTAS CORRECTAS
– LIÇÃO N.º 5

(Os números na margem esquerda correspondem ao numero da pergunta utilizada na página das Respostas Correctas)

1-5. A palavra portuguesa "Cristo" deriva de uma palavra Grega que significa "ungido". É exactamente igual ao título hebraico, Messias, que também significa "ungido". Jesus tornou-se o Messias, "O Ungido", quando o Espírito Santo desceu sobre ele do céu. Isto aconteceu no Rio Jordão, depois do Seu baptismo por João Baptista.
O título "Cristo" ou "Messias", indica que todo o ministério terreno de Jesus foi possível devido à unção do Espírito Santo. Deus quer que todos os Cristãos tenham a mesma unção. "Ora, é Deus que faz com que nós e vocês permaneçamos firmes em Cristo. Ele nos ungiu," (2 Co.1:21), "a unção que receberam d'Ele permanece (vive) em vocês,..." (1 Jo 2:27)
Os cristãos são literalmente "os ungidos". Para ser um verdadeiro discípulo, o cristão tem de depender do Espirito Santo. O próprio Jesus, dependeu do Espirito Santo. Jesus nos mostrou o caminho.

5-6. Outra palavra usada para descrever o Espirito Santo é "Advogado" Um advogado é alguém que intercede numa causa. A mesma palavra é empregue em relação a Jesus em 1 Jo. 2:1. Cristo intercede pela causa do crente no céu. O Espírito Santo, através do crente, intercede pela causa de Cristo na terra (ver Mt. 10:19-20).

6-9. Em Jo. 16:7 Jesus disse: "Convém que eu vá, porque se eu não for, o Consolador não virá para vós; mas, se eu for, eu o enviarei." Quando Jesus voltou para o céu, Ele enviou o Espirito Santo sobre os discípulos. Imediatamente receberam um melhor entendimento e sabedoria sobre Jesus. Entenderam melhor sobre Jesus do que quando Ele estava presente com eles na terra. Por isso o Espirito Santo completou o Seu ministério. O Espirito Santo é enviado para revelar, interpretar e glorificar# a pessoa, trabalho e mensagem de Cristo. Isto é Seu ministério para nós hoje.

11. Perto do princípio dos quatro evangelhos, João Baptista aponta para Jesus como Aquele que "baptiza com o Espirito Santo" O novo Testamento realça tanto quanto possível a importância deste aspecto do ministério de Cristo. A Igreja cristã deveria fazer o mesmo.

Lição n.º 5

12-13. Os Evangelhos encerram, da mesma forma que iniciam, com a promessa do baptismo no Espírito Santo.

15-16. Através da morte de Jesus na cruz, Jesus comprou o dom do Espírito Santo para cada crente. (Ver Gl. 3:13-14). Depois da Sua ressurreição# e ascensão#, Jesus teve o privilégio especial de receber do Pai este dom, e passar este, aos Seus discípulos.

17-18. Ao longo de todo o Novo Testamento o baptismo no Espírito Santo é confirmado, pela evidência sobrenatural de falar noutras línguas.

18-21. No fim dos tempos, Deus prometeu, pela última vez, um derramamento do Espírito Santo sobre todas as pessoas. Todos os cristãos têm o direito de pedir este dom a Deus.

Resultados do Baptismo no Espírito Santo

Lição n.º 6 RESULTADOS DO BAPTISMO NO ESPÍRITO SANTO

Introdução:

O baptismo no Espírito Santo é um dom vindo do céu. Ao cristão que recebe este dom, é dado o poder sobrenatural para testemunhar e servir como discípulo de Deus.

Crentes que recebem este dom são conhecidos pela sua habilidade no falar, ou em orar numa língua desconhecida para eles. A marca ou dom, é dada pelo Espírito Santo. É por isso, que as vezes são conhecidas por orar no Espírito Santo. A Bíblia também chama de "falar noutras línguas"(At. 2:4). Na igreja primitiva, esta experiência era considerada normal para todos os crentes.

Ao orar nesta língua, o Cristão edifica a própria vida espiritual. Ele coloca-se em directo e constante comunhão com Deus, abrindo assim um caminho que permite que tanto os dons como os frutos do Espírito Santo sejam parte integrante da vida do crente.

Exercício de memorização: At. 2:17-18

Marque aqui depois de memorizar o versículo. (reveja diariamente os versículos das lições anteriores.)

Perguntas da Lição

1. O que é que aconteceu aos discípulos no dia de Pentecostes (chamado Shabuit hem Hebreu) quando foram cheios do Espírito Santo? (At. 2:4)

   _____

   _____

2. Através da pregação de quem é que o povo de Samaria creu em Jesus como Messias? (At. 8:12)

   _____

   _____

Lição n.º 6

3. Quando foram a Samaria, Pedro e João, oraram para os crentes daquele lugar receberem o quê? (At. 8:15)

_____

4. Como é que os Cristãos de Samaria receberam o Espírito Santo? (At. 8:17)

_____

5. Como é que Saulo de Tarso (Paulo) recebeu o Espírito Santo? (At. 9:17)

_____

6. O que é que aconteceu a todos os que escutavam Pedro enquanto ele pregava ao povo em casa de Cornélio? (At. 10:44)

_____

7. Como é que Pedro e os seus companheiros souberam que todas as pessoas que estavam em casa de Cornélio tinham recebido o Espírito Santo? (At. 10:45-46)

_____

8. O que é que Paulo perguntou aos discípulos em Éfeso? (At. 19:12)

_____

9. Quando é que estes discípulos de Éfeso receberam o Espírito Santo? (At. 19:6)

_____

10. O que é que aconteceu quando o Espírito Santo desceu sobre esses discípulos? (At. 19:6)

_____

_____

11. Quantas vezes, disse Paulo, que ele próprio falava em línguas? (1. Co. 14:18)

_____

Resultados do Baptismo no Espírito Santo

12. Mencione três coisas que um Cristão faz quando fala numa língua desconhecida. (1 Co. 14:2, 4)

    (1) _____

    (2) _____

    (3) _____

13. Se um Cristão orar numa língua desconhecida, que parte dele é que está orar? (1 Co. 14:14)

    _____

14. Como é que Jesus disse que os verdadeiros adoradores deviam adorar a Deus? (Jo. 4:23-24)

    _____

15. Como é que Judas exorta os cristãos a se edificarem a si mesmos na fé#? (Jd. 20)

    _____

16. Quando um Cristão fala numa língua desconhecida, pelo que, deve orar a seguir? (1 Co. 14:13)

    _____

17. Num culto público onde não há quem interprete línguas desconhecidas, o que é que um cristão deve fazer? (1 Co. 14:28)

    _____

18. Paulo disse que gostaria que todos os Cristãos falassem em línguas? (1 Co. 14:5)

    _____

19. Quantos cristãos, é que Paulo disse que podem profetizar#? (1 Co. 14:31)

    _____

Lição n.º 6

20. Os Cristãos devem ser ignorantes acerca dos dons espirituais? (1 Co. 12:1)

    _____

21. Faça uma lista com os dons do Espírito. (1 Co. 12:8-10)

    (1) _____ (2) _____ (3) _____

    (4) _____ (5) _____ (6) _____

    (7) _____ (8) _____ (9) _____

22. Faça uma lista com os nove frutos do Espírito. (Gl. 5:22-23)

    (1) _____ (2) _____ (3) _____

    (4) _____ (5) _____ (6) _____

    (7) _____ (8) _____ (9) _____

23. Um Cristão deve ter dons espirituais sem ter fruto espiritual? (1 Co. 13:1-2)

    _____

24. Um Cristão pode ter fruto espiritual, sem ter dons espirituais? (1 Co. 12:31; 14:1)

    _____

25. Quais são os três acontecimentos sobrenaturais que irão resultar do derramamento do Espírito Santo nos últimos dias. (At. 2:17)

    (1) _____ (2) _____ (3) _____

26. Aponte cinco dons espirituais diferentes que um crente pode usar para confortar outros crentes numa reunião. (1Co. 14:26)

    (1) _____ (2) _____ (3) _____

    (4) _____ (5) _____

Resultados do Baptismo no Espírito Santo

Exercício de Memorização: At. 2:17-18
Escreva aqui estes versículos de cor

_____

_____

_____

_____

_____

NÃO VIRE A PÁGINA ANTES DE TER COMPLETADO TODAS AS RESPOSTAS DESTA LIÇÃO

Lição n.º 6

Respostas Correctas e classificações . Lição n.º 6

Pergunta #	Resposta	Classificação

1. Começaram a falar noutras línguas, conforme o Espírito Santo lhes concedia que falassem...2
2. Filipe...1
3. Que recebessem o Espírito Santo 1
4. Pedro e João impuseram as mãos sobre eles 1
5. Ananias impôs as suas mãos sobre ele..................................1
6. O Espírito Santo caiu sobre todos eles 1
7. Ouviam-nos falar em línguas e engrandecer a Deus 1
8. Recebestes vós o Espírito Santo quando crestes?.................1
9. Quando Paulo impôs as suas mãos sobre eles....................1
10. Falaram em línguas e profetizaram...1
11. Mais do que todos vós (mais que os cristãos em Corinto) ... 1
12. (1) Fala a Deus (não aos homens) 1
    (2) Fala mistérios) 1
    (3) Edifica-se a si mesmo (fica confortado e revivifica-se)... 1
13. O seu espírito..1
14. Em espírito e em verdade 1
15. Orando sempre no Espírito Santo 1
16. Para que possa interpretar (traduzir) 1
17. Pode falar consigo mesmo ou com Deus.............................1
18. Sim..1
19. Todos...1
20. Não...1
21. (1) A palavra da sabedoria 1
    (2) A palavra da ciência...1
    (3) Fé..1
    (4) Dons de curar 1
    (5) Operação de milagres 1
    (6) Profecia..1
    (7) Discernimento de espíritos 1
    (8) Variedade de línguas 1

Resultados do Baptismo no Espírito Santo

    (9) Interpretação de línguas 1
22. (1) Amor 1
    (2) Gozo 1
    (3) Paz 1
    (4) Longanimidade 1
    (5) Benignidade 1
    (6) Bondade 1
    (7) Fidelidade 1
    (8) Mansidão 1
    (9) Domínio Próprio 1
23. Não 1
24. Não 1
25. (1) Os vossos filhos e as vossas filhas profetizarão# 1
    (2) Os vossos jovens terão visões 1
    (3) Os vossos velhos sonharão sonhos 1
26. (1) Um Salmo 1
    (2) Uma doutrina 1
    (3) Uma língua 1
    (4) Uma revelação (visão espiritual) 1
    (5) Uma interpretação 1

Consulte o cartão de memória para o exercício escrito de memorização.
Se estiver perfeita, 4 pontos por cada versículo 8
(menos um ponto para cada erro num versículo, se tiver mais que três erros, não recebe pontos para esse versículo.)

TOTAL 59

30 respostas certas = 50%
41 respostas certas = 70%
47 respostas certas = 80%

Lição n.º 6

APONTAMENTOS SOBRE AS RESPOSTAS CORRECTAS
– LIÇÃO N.º 6

(Os números na margem esquerda correspondem ao numero da pergunta utilizada na pagina das Respostas Correctas)

1. "Do que há em abundância no coração, disso fala a boca" (Mt. 12:34). O primeiro derramamento do Espírito Santo vem da boca do crente.

2-4. Através do ministério de Filipe, multidões em Samaria foram salvas e curadas. Mas isto não era suficiente para os apóstolos. Eles esperavam que todos os novos convertidos recebessem o baptismo no Espírito Santo. Por isso, depois de serem salvos, os novos crentes na Samaria foram baptizados no Espirito Santo, através do ministério do Pedro e João.

5. Ananias, é chamado simplesmente de "discípulo" (At. 10:9). Por isso a imposição de mãos para recebimento do Espírito Santo não é somente para os apóstolos. Nem é necessário a imposição de mãos para receber o Espírito Santo. Em At. 2:2-4 e 10:44-46 os crentes o receberam sem, haver qualquer imposição de mãos.

8-10. Em Éfeso, tal como em Samaria, estes discípulos receberam o baptismo no Espírito Santo de maneira diferente. Isto aconteceu após receberem a salvação. Tal como em At. 2:4 e 10:46, a sua experiência culminou com o falarem noutras línguas (e também em (At.19:2- 6, profetizar).

11-15. A principal utilidade, de falar noutra língua, é a oração e adoração pessoal. O crente não compreende com a mente, aquilo que está a dizer, mas o seu espírito está em comunhão directa com Deus, e dessa forma ele é capaz de se edificar (fazer crescer) a si mesmo.

16-17. Através do dom de interpretação os Cristãos podem saber o significado de algo falado numa língua desconhecida. Em cultos públicos, uma mensagem dada em voz alta numa língua desconhecida, deve ser normalmente seguida de interpretação. Se não há ninguém para interpretar, o crente pode falar numa língua desconhecida "consigo mesmo e com Deus". (1 Co14:28)

19. Profetizar significa falar através da inspiração sobrenatural do Espírito Santo numa língua compreendida pelo que fala, e pelo que ouve.

21-24. Há uma distinção entre dom e fruto. Um dom, é dado e recebido num momento. O fruto é cultivado com tempo e trabalho (Ver 2 Tm. 2:6). Pense na diferença entre uma árvore de Natal com presentes, e uma macieira com o seu fruto. Espiritualmente, os dons (presentes) não são um substituto para o fruto, e o fruto não é um substituto para os dons. Deus quer que todos os Cristãos tenham ambos. (Amor nunca é chamado de dom.)

25-26. Muitos benefícios resultam do Baptismo no Espírito Santo, sejam dons ou frutos sobrenaturais. Por estes, os cristãos podem ministrar uns aos outros. Tudo isto vai além da nossa própria capacidade natural ou educação, ou formação académica.

Lição n.º 6

1ª Avaliação de Progresso

Parabéns!

Já completou os primeiros seis estudos. Considere por um momento o que isso significa!

Você iniciou o seu estudo em justiça# pela introdução dos seguintes temas:

A Bíblia como Palavra de Deus

O plano de Deus para a salvação de todas as pessoas e como você pode ser salvo e desfrutar dos benefícios

O ensinamento sobre a importância do Baptismo nas águas

A provisão do Espirito Santo e seus benefícios

Ao longo deste processo, já pesquisou mais que 170 versículos nas Escrituras ao procurar respostas às perguntas! Também já memorizou 10 versículos importantes da Escritura.

Porém, pode ter havido alturas em que achou difícil. Poderá até ter perguntado a si mesmo, se valerá a pena todo tempo e esforço? Mas isso somente confirma o que Salomão disse sobre buscar sabedoria: "…se procurar a sabedoria como se procura a prata, e buscá-la como quem busca um tesouro escondido,…" (Pv. 2:1-5)*

Cavar é difícil, árduo para o corpo. Provoca músculos doloridos e bolhas nas mãos. Não seria estranho, se por acaso, sentiu algumas "dores" e "bolhas" mentais enquanto estudou estas seis lições.

Mas também estará criando "músculos" mentais e espirituais. Estará construindo perseverança no seu interior e fortalecendo seu carácter. As "dores" e "bolhas" serão temporárias, passarão. Mas o caracter que esta desenvolvendo ficará consigo para sempre. É uma base essencial para o seu futuro sucesso, independente do seu caminho na vida.

Por isso, não sacrifique o que permanece, por causa do que é temporário! Continue a cavar mais fundo! O tesouro está ao seu alcance.

Resultados do Baptismo no Espírito Santo

1ª REVISÃO

Antes de iniciar o novo e excitante estudo que o espera, e apercebendo-se de tudo o que descobriu até agora, irá ficar encorajado e fortalecido. Aqui estão algumas maneiras que irão ajudá-lo a fazer isso:

Primeiro, leia cuidadosamente todas as perguntas das últimas seis lições, juntamente com suas respostas. Verifique que entende e sabe a resposta correcta para cada uma.

Segundo, reveja todos os versículos das Escrituras do Trabalho de Memória que já aprendeu nas seis lições.

Terceiro, Leia com cuidado as seguintes questões e considere como responderia a cada uma delas. Cada pergunta está de alguma maneira, relacionada com tudo o que já aprendeu

1. Como tem aplicado a cura que Deus lhe deu para o pecado na sua própria vida?
2. Quais os benefícios que espera alcançar na sua própria vida, enquanto estuda e obedece à Palavra de Deus?
3. Descreva maneiras diferentes de como o Espírito Santos pode ajudá-lo em sua vida espiritual.
4. De que forma a passagem de Israel pelo Mar Vermelho é um modelo de exemplo para aqueles que seguem o baptismo de Jesus?

Finalmente, numa folha à parte, escreva as suas próprias respostas às perguntas anteriores.

* * * * *

Não existe pontuação para esta revisão. O propósito é ajudá-lo a consolidar tudo que tem descoberto. Quando estiver satisfeito como o que conseguiu, pode virar a página para começar o Estudo n.º 7.

Adoração e Oração

Lição n.º 7 ADORAÇÃO E ORAÇÃO

Introdução

O louvor é uma das formas que Deus deu aos cristãos para entrarem em Sua presença. A oração, é a forma que o cristão tem para receber o que necessita de Deus.

Através da oração, o cristão recebe três coisas de Deus.
Orientação
Ajuda
Força para a sua vida

Os cristãos que querem que Deus ouça as suas orações têm de adorá-lo. Todo o cristão beneficiará da oração, e tornar-se-á mais eficaz, fazendo-o diariamente. Leia também a Palavra de Deus diariamente.

A pessoa mais poderosa do mundo é o Cristão que sabe como orar, vê as respostas às suas orações. Para podermos orar desta forma temos que ter a ajuda do Espírito Santo e seguir cuidadosamente as instruções da Palavra de Deus. Estas instruções estão expostas nesta lição.

Exercício de memorização:

Marque aqui depois de memorizar o versículo. (reveja diariamente os versículos das lições anteriores.)

Perguntas da Lição

1. De que tipo de pessoas, anda Deus à procura? (Jo. 4:23, 24)

   _____

2. O Senhor agrada-se na oração de quem? (Pv. 15:8)*

   _____

3. Que tipo de oração produz grandes resultados? (Tg. 5:16)

   _____

Lição n.º 7

4. Se queremos que Deus ouça as nossas orações, quais são as duas coisas que temos de fazer? (Jo. 9:31)

    (1) _____ (2) _____

5. Através do quê, podemos entrar com ousadia na presença santa de Deus? (Hb. 10:19)

    _____

6. Com que duas coisas é que devemos entrar na presença de Deus? (Sl. 100:4)*

    (1) _____ (2) _____

7. O que é que um Cristão deve fazer, em vez de se preocupar ou andar ansioso? (Fp. 4:6)

    _____

8. Em nome de quem é que devemos orar, e qual deve ser a nossa motivação? (Jo. 14:13)

    _____

    _____

9. Quais são as duas condições que nos permitem pedir a Deus o que queremos? (Jo. 15:17)

    (1) _____

    (2) _____

10. Escreve quatro coisas, que se encontram nos versículos seguintes, que impedem a concretização das respostas às nossas orações.

    (1) (Sl. 66:18)* _____

    (2) (Tg. 1:6-7) _____

    (3) (Tg. 4:3) _____

    (4) (1 Pe. 3:7) _____

Adoração e Oração

11. Para vencermos forças satânicas, o que é que por vezes temos de fazer quando oramos? (Mc. 9:29)

    _____

    _____

12. Para recebermos as coisas que desejamos, o que é que temos de fazer quando oramos? (Mc. 11:24)

    _____

13. Se temos algo contra outras pessoas, o que é que temos de fazer primeiro quando oramos? (Mc. 11:25)

    _____

    _____

14. Se perdoarmos os outros quando oramos, como é que Deus irá lidar connosco? (Mc. 11:25)

    _____

15. Se não perdoarmos os outros, como é que Deus irá lidar connosco? (Mc. 11:26)

    _____

16. Se oramos de acordo com a vontade de Deus, quais são as duas coisas em que podemos estar confiantes? (1 Jo. 5:14-15)

    (1) _____

    (2) _____

17. Como é que David disse que iria começar cada dia? (Sl. 5:3)*

    _____

Lição n.º 7

18. Quais são as três alturas do dia em que David decidiu orar? (Sl. 55:17)*

   (1) _____ (2) _____ (3) _____

19. Para além dessas alturas regulares de oração, quando é que devemos orar? (Ef. 6:18) (1Ts. 5:17)

   _____

20. Quando estamos fracos e não sabemos como orar, quem é que nos ajuda a orar de acordo com a vontade de Deus? (Rm. 8:26- 27)

   _____

21. Como é que devemos orar em privado? (Mt. 6:6)

   _____

22. Como é que Jesus disse que este tipo de oração será recompensada? (Mt. 6:6)

   _____

23. 23. Quando os cristãos se reúnem para orar, em nome de Jesus, que promessa é que Ele lhes dá? (Mt. 18:20)

   _____

   _____

24. Qual deve ser a nossa atitude em relação a outros cristãos com quem oramos? (Mt. 18:19)

   _____

25. Por quem é que devemos orar em primeiro lugar? (1 Tm. 2:1-2)

   _____

Adoração e Oração

26. Qual a posição do corpo que Paulo recomenda para oração neste versículo ? (1 Tm. 2:8)

   _____

27. Quais as duas atitudes mentais que não devemos ter quando oramos? (1 Tm. 2:8)

   (1) _____

   (2) _____

28. Como ficamos em resultado de vermos as nossas orações serem respondidas? (Jo. 16:24)

   _____

Exercício de Memorização: Jo. 15:7
Escreva aqui este versículo de cor

_____

_____

_____

_____

NÃO VIRE A PÁGINA ANTES DE TER COMPLETADO TODAS AS RESPOSTAS DESTA LIÇÃO

Lição n.º 7

RESPOSTAS CORRECTAS E CLASSIFICAÇÕES . LIÇÃO N.º 7

Pergunta #	Resposta	Classificação

1. Verdadeiros adoradores, que adorem a Deus em espírito e em verdade............ 2
2. A oração do justo 1
3. A oração poderosa e eficaz de um justo# 2
4. (1) Adorar a Deus 1
   (2) Fazer a vontade de Deus 1
5. Pelo sangue de Jesus 1
6. (1) Acções de graças 1
   (2) Louvor 1
7. Em tudo, pela oração e pela súplica, com acções de graças, tornar conhecidas as suas petições diante de Deus 3
8. No nome de Jesus, para que Deus o Pai seja glorificado 2
9. (1) Se permanecermos em Cristo 1
   (2) Se as Suas palavras permanecerem em nós 1
10. (1) Se toleramos a iniquidade (permitimos pecado conhecido) no nosso coração 1
    (2) Se duvidarmos e não pedirmos com fé# 1
    (3) Se pedirmos para os nossos prazeres (com espirito de engano) 1
    (4) Um relacionamento errado entre marido e mulher 1
11. Jejuar 1
12. Crermos que recebemos o que pedimos (quando estamos orando) 1
13. Temos de perdoá-las 1
14. Deus irá perdoar-nos 1
15. Deus não nos perdoará 1
16. (1) Que Deus nos ouve 1
    (2) Que já alcançámos o que pedimos a Deus 1
17. Apresentando a Deus a sua oração e vigiando 2
18. (1) De tarde 1

Adoração e Oração

	(2) De manhã	1
	(3) Ao meio-dia	1
19.	Em todo o tempo, sem cessar	1
20.	O Espírito Santo	1
21.	Entrarmos no nosso quarto e fecharmos a porta e orar em segredo	1
22.	O nosso Pai celestial nos recompensará	1
23.	Que o próprio Jesus estará no nosso meio	1
24.	Concordar com eles em relação a qualquer coisa que pedirmos	2
25.	Pelos reis e todos os que exercem autoridade	1
26.	Levantando mãos santas	1
27.	(1) Ira	1
	(2) Contenda ou dúvida	1
28.	Alegria – alegria completa (plena)	1

Consulte o cartão de memória para o exercício escrito de memorização.
Se estiver perfeita, 4 pontos para o versículo. 4
(menos um ponto para cada erro num versículo, se tiver mais que três erros, não recebe pontos nesse versículo.
.

TOTAL 49

25 respostas certas = 50%
34 respostas certas = 70%
39 respostas certas = 80%

Lição n.º 8

APONTAMENTOS SOBRE AS RESPOSTAS CORRECTAS
– LIÇÃO N.º 7

(Os números na margem esquerda correspondem ao número da pergunta utilizada na página das Respostas Correctas)

Deus pode e quer responder à oração Toda a Bíblia – e em especial o Novo Testamento – realça esta verdade. (Ver Mt. 7:7-8). De facto, Deus está mais disposto a responder á oração do que os homens têm disposição para orar. No entanto, para recebermos resposta às nossas orações, temos de corresponder às condições estabelecidas na Palavra de Deus. A maioria das respostas nesta lição entendida nessas condições, podem ser resumidas da seguinte maneira:

5,8,23. Enquanto pecadores, só podemos reconciliar-nos com Deus, através do sacrifício propiciatório de Jesus Cristo. Dependemos de Jesus, que fala em nosso lugar perante o Pai. Ao aceitar este facto, aproximamo-nos de Deus através do nome e do sangue de Jesus.

1, 4(1),6,7.
    Abordagem correcta: adoração, acção de graças, louvor.

1,2,3,4(2), 9(1).
    Carácter correcto: verdade, rectidão, justiça, obediência (só possíveis se "estivermos em Cristo").

8, 10(3), 10(4), 13,14,15,24,27(1).
    Motivo certo: para glória de Deus, não para nos glorificamos nas nossas concupiscências. Também relacionamentos correctos com outras pessoas, principalmente as que estão mais próximas de nos

9(2), 16, 25.
    Orar de acordo com a vontade de Deus, revelada na sua Palavra.

10(2), 12, 16(2), 27(2).
    Tomar posse, pela fé#, da resposta à nossa oração no momento em que estamos a orar.
    "Agora é o tempo aceitável" (2 Co. 6:2).

17, 18, 19.
    Regularidade e persistência - não desista (Compare com Lc. 18:1).

3, 11, 21, 26.
    Fervor, negar a si mesmo, compromisso. (Dedicando-se a oração com coração humilde, a sós com Deus.)

20.   Sobre tudo , não nos podemos apoiar meramente na nossa vontade, compreensão ou força, mas temos de ter a ajuda sobrenatural do Espírito Santo.

22, 28   A recompensa pela oração certa.

Lição n.º 8

Lição n.º 8 O PLANO DE DEUS PARA CURAR OS NOSSOS CORPOS (PARTE 1)

INTRODUÇÃO:

Ao voltar as costas a Deus em desobediência, o homem perdeu a bênção e a protecção de Deus, O homem ficou debaixo de uma maldição e do poder do diabo. Por isso, o diabo pôde trazer dor, fraqueza e doença sobre o corpo do homem.

Contudo, Deus, na sua misericórdia ainda quer abençoar o homem. Deus ainda quer salvar o homem do seu pecado e enfermidade. Jesus Cristo levou nossos pecados e enfermidades na cruz. Esta é a Boa Nova da salvação#.

Assim, pela fé# em Jesus, podemos receber cura física para os nossos corpos, bem como perdão e paz para as nossas almas.

EXERCÍCIO DE MEMORIZAÇÃO: 1Pe. 2:24

Marque aqui depois de memorizar o versículo. (reveja diariamente os versículos das lições anteriores.)

PERGUNTAS DA LIÇÃO

A. QUEM DÁ A DOENÇA E QUEM DÁ A SAÚDE?

1. Quem primeiro enganou o homem com a tentação de desobedecer a Deus? (Gn. 3:1-13)* (1 Jo. 3:8) (Ap. 12:9)

   _____

2. Porque caiu sobre o homem, a dor, a doença e a morte? (Gn. 3:14-19)*

   _____

3. Quem trouxe a doença sobre Jó? (Jó 2:7)*_____

   _____

O Plano de Deus para Curar os Nossos Corpos (Parte 1)

4. Quem trouxe a doença sobre a mulher em Lc 13:11,16 e de quem era prisioneiro? (Lc. 13:11, 16)

   _____

   _____

5. Quem oprime# as pessoas com enfermidades? (At. 10:38)

   _____

6. O que é Deus promete fazer pelo Seu povo quando Lhe obedece? (Êx. 15:26)*

   _____

7. Quais são as duas coisas que Deus promete fazer pelo Seu povo que O serve? (Êx. 23:25)*

   (1) _____

   (2) _____

8. As doenças pertencem ao povo de Deus ou aos seus inimigos? (Dt. 7:15)*

   _____

9. Quais são as duas coisas que David disse que o Senhor fez por ele? (Sl. 103:3)*

   (1) _____

   (2) _____

10. Quais são as três coisas que o apóstolo João desejou ao seu amigo cristão? (3 Jo. 2)

    (1) _____

    (2) _____

    (3) _____

Lição n.º 8

11. Que quantidade de promessas obtemos de Deus através do dizer "sim" e "ámen" em Cristo? (2 Co. 1:19, 20)

    _____

12. Com que objectivo é que Cristo se manifestou (veio ao mundo)? (1 Jo. 3:8)

    _____

13. Com que objectivo ungiu Deus a Cristo com o Espírito Santo? (At. 10:38)

    _____

14. Jesus Cristo veio para cumprir a vontade de quem? (Jo. 5:30) (Jo 6:38)

    _____

15. Quem operava os milagres que Jesus fazia? (Jo. 10:37-38) (Jo 14:10)

    _____

16. Quantas das pessoas que vieram a Cristo é que Ele curou? (Mt. 8:16) (Mt. 12:15) (Mt. 14:35-36) (Lc. 4:40) (Lc 6:19)

    _____

17. Quantos tipos de doenças é que Jesus curou? (Mt. 4:23-24) (Mt 9:35)

    _____

18. Por que razão Cristo, por vezes, não curava algumas pessoas? (Mt. 13:58) (Mc. 6:5-6)

    _____

19. Deus muda? (Ml. 3:6)* (Tg. 1:17) _____

20. Jesus Cristo muda? (Hb. 13:8)_____

O Plano de Deus para Curar os Nossos Corpos (Parte 1)

B. O PROPÓSITO DA MORTE DE CRISTO NA CRUZ

21. Aponte três coisas que Jesus Cristo levou em nosso lugar. (Mt. 8:17) (1 Pe. 2:24)

   (1) _____

   (2) _____

   (3) _____

22. Como consequência disso, quais os três benefícios que podemos ter nas nossas vidas? (1 Pe. 2:24)

   (1) _____

   (2) _____

   (3) _____

23. Quem foi maldito em nosso lugar? (Gl. 3:13) _____

24. Do que Cristo nos redimiu? (Gl. 3:13)

   _____

25. Quantos tipos de enfermidades estavam incluídas na maldição da Lei? (Dt. 28:15, 21-22, 27-28, 35 e 59-61)*

   _____

   _____

26. Qual destas escolhas Deus nos aconselha: a bênção ou a maldição? (Dt. 30:19)*

   _____

   _____

Lição n.º 8

Exercício de Memorização: 1 Pe. 2:24
Escreva aqui este versículo de cor

_____

_____

_____

_____

NÃO VIRE A PÁGINA ANTES DE TER COMPLETADO TODAS AS RESPOSTAS DESTA LIÇÃO

O Plano de Deus para Curar os Nossos Corpos (Parte 1)

Respostas Certas e classificações . Lição N.º 8

Pergunta #	Resposta	Classificação

1. A serpente; o diabo; Satanás.. 1
2. Porque o homem desobedeceu a Deus 1
3. Satanás; o diabo.. 1
4. Satanás tinha-a presa com um espírito de enfermidade 2
5. O diabo... 1
6. Não enviar nenhuma das enfermidades do Egipto sobre eles; curá-los... 2
7. (1) Abençoar o seu pão e água... 1
    (2) Tirar as enfermidades do seu meio... 1
8. Aos inimigos do povo de Deus... 1
9. (1) O Senhor perdoou todas as suas iniquidades (pecados) 1
    (2) O Senhor sarou todas as suas enfermidades 1
10. (1) Que ele prosperasse... 1
    (2) Que ele tivesse saúde... 1
    (3) Que a sua alma pudesse prosperar...................................... 1
11. Todas as promessas de Deus... 1
12. Para destruir as obras do diabo... 1
13. Para fazer o bem e libertar todos os oprimidos# pelo diabo 2
14. A vontade de Deus o Pai.. 1
15. Deus o Pai.. 1
16. Todos; todas as pessoas.. 1
17. Todo o tipo de enfermidade e doença 1
18. Porque eram incrédulos.. 1
19. Não, nunca.. 1
20. Nunca... 1
21. (1) As nossas enfermidades 1
    (2) As nossas doenças.. 1
    (3) Os nossos pecados.. 1
22. (1) Morremos para o pecado... 1
    (2) Vivemos para a justiça#.. 1
    (3) Somos curados... 1

Lição n.º 8

23. Jesus... 1
24. Da maldição da lei... 1
25. Todo o tipo de doença.. 1
26. A Bênção... 1

Consulte o cartão de memória para o exercício escrito de memorização.
Se estiver perfeita, 4 pontos para o versículo. 4
(menos um ponto para cada erro num versículo, se tiver mais que três erros, não recebe pontos nesse versículo.

TOTAL 41

20 respostas certas = 50%
28 respostas certas = 70%
32 respostas certas = 80%

O Plano de Deus para Curar os Nossos Corpos (Parte 1)

APONTAMENTOS SOBRE AS RESPOSTAS CORRECTAS

– LIÇÃO N.º 8

(Os números na margem esquerda correspondem ao numero da pergunta utilizada na pagina das Respostas Certas)

1-2. Todo o Capitulo 3 de Genesis revela a raiz de todo o sofrimento humano, e que é imputado ao diabo. O próprio Jesus disse sobre o diabo: "Ele foi homicida desde o princípio" (Jo. 8:44)

3-5. A raíz de todo o pecado tem sua fonte de origem, o diabo. Enfermidade faz parte "…das obras do diabo." (1 Jo. 3:8)

6. Outra forma de traduzir Êxodo 15:26* é Eu sou Jeová, teu Médico.

9. Repare na repetição da palavra "todas". Salmo 103:3* "É ele que perdoa todos os seus pecados e cura todas as suas doenças,"

10. João dirigiu esta carta a Gaio, um crente modelo que andava na verdade e fielmente cumpria o seu dever como cristão. (3 Jo. 3-5).

11. 2 Co. 1:20 vai contra a noção, que a promessa de cura física não seja para o cristão hoje em dia. Todas as promessas de Deus são para nós (agora), Quer dizer que: "Qualquer situação ou necessidade, que eu enfrente agora existe uma promessa para mim."

13. As três pessoas da Trindade estão activamente presentes no ministério da cura. O Pai ungiu o Filho com o Espirito Santo. O resultado foi a cura para todos.

14-15. A vontade do Pai foi perfeitamente revelada a nós na vida de Jesus. Isto é verdade para a cura e para tudo que Jesus fez.

16-18. Todos que foram ter com Jesus para serem curados, foram curados. É isso que os Evangelhos mostram em todos os casos.

19-20. A verdade do evangelho é firme e imutável. A verdade do Evangelho é baseada na natureza imutável de Deus.

21. Tanto Mateus como Pedro citam nesta passagem de Is. 53:4-5*. A tradução

literalmente correcta de Is. 53:4 é: "Ele levou sobre si as nossas doenças, e carregou as nossas dores". "Ele" é Jesus Cristo. Em 1 Pe. 2:24 quem sara é Jesus. Ele é verdadeiramente o nosso médico.

24. "A maldição da lei" (Gl.3:13) significa que a maldição é o resultado da transgressão da lei. Esta maldição é descrita com maior detalhe em Dt. 28:15-68, e inclui todos os tipos de doença.

26. Deus refere só duas situações opostas: ou (a) vida e bênção; ou (b) morte e maldição. Cabe ao homem escolher.

Lição n.º 9 O PLANO DE DEUS PARA CURAR OS NOSSOS CORPOS (PARTE 2)

INTRODUÇÃO

A cura dos nossos corpos vem de Deus. Podemos receber cura quando:
Ouvimos a Palavra de Deus
Acreditamos na Palavra de Deus
Quando temos fe# e deixamos que o Espirito de Deus encha os nossos corpos com a vida ressurrecta de Jesus.

Desta forma, podemos oferecer cura e libertação# a outros em nome de Jesus. Libertação# é ser liberto de espíritos imundos. Existem duas formas principais para oferecer cura e libertação a outros em nome de Jesus. Podemos fazer através de:

Imposição das nossas mãos sobre o doente e orar por ele
Os anciãos da igreja podem ungir a pessoa com óleo no nome de Jesus.

Se agirmos assim pela fé, Deus vai usar-nos para confirmar a verdade da Sua Palavra, operando milagres de cura e libertação#.

EXERCÍCIO DE MEMORIZAÇÃO: Mc.16:17-18

Marque aqui depois de memorizar o versículo. (reveja diariamente os versículos das lições anteriores.)

PERGUNTAS DA LIÇÃO

C. 3 FORMAS DE CURA:

(1) A Palavra de Deus (2) O Espírito de Deus (3) A Nossa Fé#

27. O que Deus envia para nos curar e libertar#? (Sl. 107:20)*

_____

28. Mencione dois benefícios que a Palavra de Deus dá aos Seus filhos. (Pv. 4:20-22*)

(1) _____

Lição n.º 9

(2) _____

29. Se o Espírito de Deus habita em nós, o que é que Ele irá fazer pelos nossos corpos mortais? (Rm. 8:11)

_____

30. O que é que Deus quer manifestar nos nossos corpos mortais? (2 Co. 4:10-11)

_____

31. O que é que Jesus procurou naqueles que vieram a Ele para serem curados? (Mt. 9:28-29) (Mc. 2:5) (Mc. 9:23) (Lc.8:50)

_____

32. Como é que Pedro explicou a cura de um coxo? (At. 3:16)

_____

33. O que é que Paulo viu no coxo que estava em Listra que permitiu que ele fosse curado? (At 14:8-10)

_____

34. De onde vem a nossa fé? (Rm. 10:17)

_____

D. A Autoridade Dada aos Crentes

35. Mencione dois tipos de poder que Jesus Cristo deu aos Seus discípulos. (Mt. 10:1)

(1)_____

(2)_____

O Plano de Deus para Curar os Nossos Corpos (Parte 2)

36. Mencione quatro coisas que Cristo ordenou aos Seus discípulos para fazerem. (Mt. 10:18)

    (1) _____

    (2) _____

    (3) _____

    (4) _____

37. Quais as duas razões apontadas por Jesus para o facto dos discípulos não terem conseguido curar um epiléptico? (Mt. 17:20- 21) (Mc. 9:29)

    (1) _____

    (2) _____

38. Aquele que crê em Jesus, que duas coisas Ele disse que seria capaz de fazer? (Jo. 14:12)

    (1) _____

    (2) _____

39. O que é que os crentes podem fazer pelos enfermos no nome de Jesus? (Mc. 16:17-18)

    _____

40. O que irá acontecer a essas pessoas doentes? (Mc. 16:18)

    _____

    _____

41. O que um cristão doente deve fazer? (Tg. 5:14)

    _____

42. Que duas coisas é que os anciãos da igreja devem fazer por um cristão doente? (Tg. 5:14)

    (1) _____

    (2) _____

Lição n.º 9

43. Que duas coisas é que o Senhor irá fazer por esse cristão? (Tg. 5:15)

(1) _____
(2) _____

44. Que tipo de oração poderá salvar o enfermo? (Tg. 5:15)

_____

45. Quais são as duas coisas que os discípulos oraram para Deus fazer no nome de Jesus? (At. 4:29-30)

(1) _____
(2) _____

46. Que duas coisas é que o Senhor fez pelos discípulos quando eles saíram a pregar? (Mc. 16:20)

(1) _____
(2) _____

Exercício de Memorização: Mc. 16:17- 18
Escreva aqui estes versículos de cor

_____

_____

_____

_____

_____

NÃO VIRE A PÁGINA ANTES DE TER COMPLETADO TODAS AS RESPOSTAS DESTA LIÇÃO

O Plano de Deus para Curar os Nossos Corpos (Parte 2)
Respostas Certas e classificações . Lição N.º 9

Pergunta #	Resposta	Classificação

27. A Sua (Deus) Palavra 1
28. (1) Vida 1
    (2) Saúde para todo o seu corpo 1
29. Dará vida (vivificar) aos nossos corpos mortais 1
30. A vida de Jesus 1
31. Fé# (crer) 1
32. Foi a fé# no nome de Jesus que o curou 2
33. Que ele tinha fé# para ser curado 1
34. Pelo ouvir a palavra de Deus 2
35. (1) Poder para expulsar espíritos imundos 2
    (2) Poder para curarem todo tipo.. de doenças e
    enfermidades 2
36. (1) Curar os enfermos 1
    (2) Limpar os leprosos (purificar) 1
    (3) Ressuscitar os mortos 1
    (4) Expulsar demónios 1
37. (1) Por causa da sua incredulidade 1
    (2) Só podia ser expulso por meio de oração e jejum 1
38. (1) As obras que Ele fez 1
    (2) Maiores obras do que estas 1
39. Crentes podem impor as mãos nos enfermos e orar no nome
    de Jesu 1
40. Ficarão curados 1
41. Deve chamar os anciãos de igreja 1
42. (1) Orar por ele 1
    (2) Ungi-lo com óleo em nome do Senhor Jesus 1
43. (1) Levantá-lo-á 1
    (2) Perdoá-lo-á se tiver cometido pecado. 1
44. A oração de fé# 1
45. (1) Conceder que falassem com ousadia 1
    (2) Conceder que operassem sinais e prodígios 1

Lição n.º 9

46. (1) O Senhor cooperou com eles 1
(2) Ele confirmou a Palavra por meio de sinais 1

Consulte o cartão de memória para o exercício escrito de memorização.
Se estiver perfeita, 4 pontos por cada versículo 8
(menos um ponto para cada erro num versículo, se tiver mais que três erros, não recebe pontos para esse versículo.)

TOTAL 43

22 respostas certas = 50%
31 respostas certas = 70%
35 respostas certas = 80%

O Plano de Deus para Curar os Nossos Corpos (Parte 2)

APONTAMENTOS SOBRE AS RESPOSTAS CORRECTAS
– LIÇÃO N.º 9

(Os números na margem esquerda correspondem ao numero da pergunta utilizada na pagina das Respostas Certas)

27-34   OSl. 33:6* descreve os meios que Deus usou na criação a Sua Palavra e Seu sopro. Quando falamos no sopro de Deus é o mesmo que dizer o Espírito de Deus. Toda a criação existe pela Palavra e Espírito de Deus. O mesmo se aplica à obra da cura. Ela acontece, pela Sua Palavra e pelo Seu Espírito trabalhando em conjunto. O meio pelo qual recebemos esta obra de cura, é pela nossa fe#.

28.   Pv. 4:20-22*. Estes versículos são a grande "caixa de medicina" de Deus. No entanto, para teres a cura, precisas seguir as Suas prescrições. Segue estas quatro indicações: (1) Atenta para as palavras de Deus; (2) "Inclina o teu ouvido" quer dizer ser humilde e ouvir o ensinamento; (3) mantém as palavras de Deus em frente dos teus olhos; (4) guarda as palavras de Deus dentro do teu coração.

Recebemos o medicamento curador de Deus, através da mente, do ouvido, do olho e do coração.

30.   A vontade de Deus é que a vida da ressurreição# de Cristo seja manifesta nos nossos "corpos mortais"(2 Co. 4:10-11) Através de Jesus, Deus dá a cura, saúde e vitalidade aos nossos corpos nesta vida.

34.   Rm. 10:17. Primeiro, a Palavra de Deus produz o "ouvir". Depois, a partir do "ouvir" desenvolve-se a "fé"#. O processo de "ouvir" é descrito nas suas quatro fases em Pv. 4:20-21*.

35-36.   Pense sobre isto: Quando os discípulos foram enviados para pregar também se esperava a cura e libertação# dos espíritos malignos das pessoas. Compare Mt. 10:8 com Mt. 28:20: "Ensinando-os a guardar todas as coisas que eu vos tenho mandado; e certamente estou convosco todos os dias, até à consumação do século." A "consumação do seculo) é a era presente. Jesus ordenou que este mesmo ministério continuasse sem alterações em cada geração dos discípulos até à era presente (actual). Como discípulos, hoje também estamos incluídos.

37.   (2) O próprio Jesus jejuava. Ele esperava que os Seus discípulos seguissem o seu exemplo. (Veja Mt. 6:16-18). Porem, os discípulos não o fizeram enquanto

Lição n.º 9

Jesus ("o noivo") permaneceu com eles na terra (Mc. 2:18-20).

38. O ministério de Jesus serve de padrão para todos os ministérios cristãos. Regressado ao Pai, Jesus enviou o Espírito Santo. O Espirito Santo opera hoje estas obras prometidos por Jesus, através de discípulos que crêem.

39. As promessas de Mc. 16:17-18 aplicam-se na generalidade a todos os crentes, "aos que crêem".

39-44
    Para mais informação sobre este assunto, consulte o meu livro Manual do Crente cheio do Espírito Santo, secção - Imposição de Mãos.

40. É nossa responsabilidade, chamar os anciões da igreja, se estivérmos doentes.

45. At. 4:30 ainda é uma oração padrão para a igreja Cristã.

Lição n.º 10 TESTEMUNHAR E GANHAR ALMAS

Introdução:

Através da Sua morte expiatória na cruz, Jesus tornou a salvação# possível a todos os homens de todo o mundo. Mas, para receber a salvação# cada pessoa necessita primeiro de ouvir a Palavra de Deus e o testemunho de Jesus Cristo.

Cada pessoa que é salva fica cheia do Espírito Santo. Depende no poder do Espírito Santo para testemunhar sobre Jesus Cristo aos outros. Se isto fosse praticado com sinceridade por cada crente, o testemunho de Cristo não parava, ate que os confins da terra fossem alcançadas e todas as nações tivessem ouvido. Isto é o plano de Deus.

Esta é a forma espantosa como os Cristãos podem trabalhar em conjunto. Devemos trabalhar para preparar o caminho para a vinda de Jesus. Os cristãos que são fiéis em testemunhar irão receber a recompensa do próprio Cristo. Terão a alegria de encontrar no céu as almas que foram ganhas através do seu testemunho.

Exercício de memorização: At.1:8

Marque aqui depois de memorizar o versículo. (reveja diariamente os versículos das lições anteriores.)

Perguntas da lição

1. O que é que Cristo disse aos Seus discípulos que iriam ser? (At. 1:8)

2. Até onde é que Jesus disse que o testemunho dos Seus discípulos deveria ser levado? (At. 1:8)

3. A quem é que o testemunho deve ser levado antes do fim dos tempos? (Mt. 24:14)

Lição n.º 10

4. Que três coisas Pedro e os seus discípulos testemunharam de Jesus? (At. 10:39-41)

   (1) _____

   (2) _____

   (3) _____

5. O que é que Deus disse que Paulo deveria fazer para Cristo? (At. 22:15)

   _____

6. O que é que Paulo continuou a fazer desde o dia em que conheceu Jesus? (At. 26:22)

   _____

   _____

7. O que a verdadeira testemunha faz através do seu testemunho? (Pv. 14:25)*

   _____

8. O que é que um Cristão sábio deve procurar fazer? (Pv. 11:30)*

   _____

9. Depois de André ter encontrado Jesus, quem é que ele conduziu a Jesus? (Jo. 1:35-42)

   _____

10. Depois de Jesus ter encontrado Filipe, quem é que Filipe trouxe a Jesus? (Jo. 1:43-47)

    _____

11. Quando os fariseus interrogaram o homem que era cego de nascença, o que ele respondeu por experiência própria? (Jo. 9:25)

    _____

Testemunhar e Ganhar Almas

12. Quais são as duas verdades que devemos falar e dar a conhecer aos outros? (1 Cr. 16:8-9)*

    (1) _____ (2) _____

13. Quando o povo em Corinto se opôs ao testemunho de Paulo, o que Deus lhe disse? (At. 18:9)

    _____

14. Que espírito é que Paulo disse a Timóteo que não era de Deus? (2 Tm. 1:7)

    _____

15. O que é que o medo provoca no homem? (Pv. 29:25)*

    _____

16. Que a instrução deu Paulo a Timóteo a respeito do testemunho de Cristo? (2 Tm. 1:8)

    _____

17. Quando disseram a Pedro e a João para não falarem sobre Jesus, quais as duas respostas dadas?

    (1) (At. 4:20) _____

    (2) (At. 5:29) _____

18. O que é que os outros discípulos fizeram, quando souberam que Pedro e João tinham sido proibidos de falar sobre Jesus? (At. 4:24)

    _____

    _____

19. Depois dos discípulos terem orado, e serem cheios do Espírito Santo, o que é que eles fizeram? (At. 4:31)

    _____

Lição n.º 10

20. Que posição especial é que Deus deu a Ezequiel entre o povo? (Ez. 3:17)*

_____

21. O que Deus disse que aconteceria a Ezequiel se ele não avisasse os pecadores? (Ez. 3:18)*

_____

22. Sobre que duas coisas é que Paulo testemunhou a todos os homens de Éfeso? (At. 20:21)

 (1) _____

 (2) _____

23. Porque é que Paulo podia dizer, que estava inocente do sangue de todos os homens de Éfeso? (At. 20:26-27)

_____

24. Qual a recompensa final que aguarda as testemunhas fiéis de Cristo? (2 Tm. 4:8)

_____

Exercício de Memorização: At. 1:8
Escreva aqui este versículo de cor

_____

_____

_____

_____

NÃO VIRE A PÁGINA ANTES DE TER COMPLETADO TODAS AS RESPOSTAS DESTA LIÇÃO

Testemunhar e Ganhar Almas

Respostas Certas e classificações . Lição N.º 10

Pergunta #	Resposta	Classificação

1. Testemunhas.. 1
2. Até aos confins da terra... 1
3. A todas as nações.. 1
4. (1) Todas as coisas realizadas por Ele...................................... 1
   (2) A Sua morte 1
   (3) A Sua ressurreição# 1
5. Ser sua testemunha para com todos os homens de tudo o que tinha visto e ouvido 3
6. Deu testemunho, tanto a pequenos como a grandes, que as Escrituras (os profetas e Moisés) são verdadeiras 3
7. Dá livremente# as almas.. 1
8. Ganhar almas.. 1
9. O seu irmão, Simão Pedro... 1
10. Natanael... 1
11. Uma coisa sei: eu era cego, e agora vejo............................... 2
12. (1) Os feitos de Deus 1
    (2) As Suas maravilhas.. 1
13. "Não temas, mas fala".. 2
14. O espírito de covardia.. 1
15. Ciladas (um laço).. 1
16. Que não se envergonhasse do testemunho de Cristo 2
17. (1) "Não podemos deixar de falar do que temos visto e ouvido".. 2
    (2) "Mais importa obedecer a Deus do que aos homens" 1
18. Unânimes, levantaram a Deus a voz em oração..................... 2
19. Anunciaram com ousadia a Palavra de Deus.......................... 1
20. Sentinela... 1
21. Deus iria requerer o seu sangue nas suas mãos...................... 2
22. (1) Do arrependimento# em nosso Senhor Jesus..................... 1
    (2) Da fé# em nosso Senhor Jesus Cristo.................................... 1
23. Não deixou de lhes proclamar toda a vontade de Deus 2

Lição n.º 10

24. Uma coroa de justiça#.. 1

Consulte o cartão de memória para o exercício escrito de memorização.
Se estiver perfeita, 4 pontos para o versículo. 4
(menos um ponto para cada erro num versículo, se tiver mais que três erros, não recebe pontos nesse versículo.

TOTAL 44

22 respostas certas = 50%
31 respostas certas = 70%
35 respostas certas = 80%

Testemunhar e Ganhar Almas

APONTAMENTOS SOBRE AS RESPOSTAS CORRECTAS
– LIÇÃO N.º 10

(Os números na margem esquerda correspondem ao numero da pergunta utilizada na pagina das Respostas Certas)

1   O cristão é suposto ser testemunha do próprio Cristo, não de uma doutrina, de uma denominação ou de uma experiência Jesus disse: "Mas eu, quando for levantado da terra, atrairei todos a mim" (Jo. 12:32). O testemunho do Cristão deve elevar a Jesus. Para fazermos isto de uma forma eficaz, temos de ser conduzidos e cheios do poder do Espírito Santo.

4   Compare At. 1:21-22 com 4:33. O acontecimento central de todo o testemunho relacionado com Cristo é a sua ressurreição# dos mortos.

5-6   O testemunho de Paulo serve de padrão para todos os cristãos. Foi baseado na sua experiência pessoal. Apontava para Jesus Cristo. Confirmava os relatos das escrituras.

7-8   O testemunho fiel e pessoal, é a forma mais eficaz de ganhar outras almas para Cristo.

9-10   Pedro tornou-se um líder entre os apóstolos e o principal pregador. Mas foi o seu irmão André que primeiro veio a Cristo, e que depois levou também o seu irmão Pedro. Mais tarde, Filipe levou, da mesma forma, Natanael. Assim, o padrão de ganhar almas é estabelecido pelos próprios apóstolos.

11   Houve alguém que disse: "O homem com uma experiência não fica à mercê do homem com um argumento". Isto quer dizer que a experiencia pessoal fala mais alto que somente as palavras.

12   As palavras de um Cristão devem ser positiva e glorificar# a Deus. Assim edifica a sua própria fé# e a dos outros.

13-16, 19.
"O espírito de covardia" (ser tímido) do qual escreveu Paulo, em 2 Tm. 1:7 impede a eficácia de testemunhar de forma que outros creiam. A Bíblia afirma claramente que este espírito não vem de Deus. Um Cristão não se deve deixar apanhar ou aprisionar por ele. A solução é ser cheio do Espírito Santo.

17. (2). A escolha entre a obediência a Deus e a obediência ao homem é muito clara. A resposta de Pedro e João, continua a ser válida nos nossos dias.

18. A oração é a grande arma que é dada aos Cristãos para derrubarem as barreiras que se opõem ao seu testemunho.

20-23. Sempre que temos a oportunidade de testemunhar a pessoas ao nosso redor, e não o fazemos, temos que prestar contas a Deus. Ezequiel no antigo Testamento e Paulo no Novo Testamento compreenderam isto. Paulo foi instruído por Deus a falar abertamente toda a verdade. Deus queria que Paulo "não retivesse nada", mas sim que declarasse "todo o conselho de Deus". (At 20:27). Deus continua a instruir o mesmo aos cristãos de hoje.

Lição n.º 11 O PLANO DE DEUS PARA A PROSPERIDADE

Introdução:

Em toda a Bíblia, Deus promete abençoar e fazer prosperar todos os que n'Ele confiarem e servirem. Para podermos receber as bênçãos financeiras e materiais de Deus, temos de aprender a seguir a regra de fé# estabelecida por Deus, que diz: "Dai, e ser-vos-á dado" (Lucas 6:38).

Começamos por devolver a Deus a primeira décima parte de tudo o que recebemos, em dinheiro ou em bens. A primeira décima parte, separada para Deus, chame-se o nosso "dízimo". Para além deste "dízimo", levamos as nossas "ofertas" a Deus, conforme a direcção do Espírito Santo. Ao fazermos isto em fé#, Deus abençoa-nos abundantemente e supera todas as nossas necessidades.

Exercício de memorização: 6:33

Marque aqui depois de memorizar o versículo. (reveja diariamente os versículos das lições anteriores.)

Perguntas da Lição

A. Exemplos de Servos de Deus que Prosperaram

1. Quando Deus deu a Abraão vitória na batalha, o que é que Abraão devolveu ao sacerdote de Deus, Melquisedeque? (Gn. 14:19-20)*

   _____

2. Como é que Deus, por sua vez, lidou com Abraão? (Gn. 24:1)*

   _____

3. Quais são as quatro coisas que Jacó queria que Deus fizesse por ele? (Gn. 28:20)*

   (1) _____

   (2) _____

Lição n.º 11

      (3) _____

      (4) _____

4. Em troca do que lhe concedesse, o que prometeu Jacó dar a Deus. (Gn. 28:22)*

_____

5. Como é que Deus lidou com Jacó? (Gn. 33:11)*

_____

6. Que tipo de homem era José? (Gn. 39:2)*

_____

7. Qual é a razão da prosperidade de José? (Gn. 39:2, 23)*

_____

8. Quais são as três coisas que Deus ordenou a Josué a respeito da Sua lei? (Js. 1:8)*

      (1) _____

      (2) _____

      (3) _____

9. O que Deus prometeu a Josué se ele fizesse essas três coisas? (Js. 1:8)*

_____

10. O que David prometeu a Salomão se ele obedecesse a todos os estatutos e julgamentos da lei de Deus? (1 Cr. 22:13)*

_____

11. O que Deus fez por Uzias enquanto ele buscou ao Senhor? (2 Cr. 26:5)*

_____

O Plano de Deus para a Prosperidade

12. Quando Ezequias buscou e serviu a Deus de todo o coração, o que é que lhe aconteceu? (2 Cr. 31:21 e 32:30)* _____

B. Condições e Promessas de prosperidade

13. Deus diz a respeito de um certo tipo de pessoa que "tudo o que fizer prosperará" (Sl. 1:3)*
    (a) Mencione três coisas que essa pessoa NÂO deve fazer (Sl. 1:1)*

    (1) _____
    (2) _____
    (3) _____

    (b) Mencione duas coisas que essa pessoa DEVE fazer (Sl. 1:2)*

    (1) _____
    (2) _____

14. De que duas formas é que Deus diz que Israel O tinha roubado? (Ml. 3:8)*

    (1) _____ (2) _____

15. O que é que aconteceu a Israel como consequência de roubarem a Deus? (Ml. 3:9)*

    _____

16. Como é que Deus disse a Israel para O por à prova? (testá-Lo)? (Ml. 3:10)*

    _____

17. O que Deus prometeu que depois faria por Israel? (Ml. 3:10)*

    _____

    _____

18. Quais são as duas coisas que Jesus diz aos Cristãos para buscarem antes de todas as outras? (Mt. 6:33)

    (1) _____ (2) _____

Lição n.º 11

19. Que resultados é que Cristo promete se fizermos isso? (Mt. 6:33)

20. Quando damos algo, com que medida nos será retribuído? (Lc. 6:38)

21. Que medida é que Paulo disse a cada cristão, para pôr de parte para Deus? (1 Co. 16:2)

22. Com que objectivo é que Cristo se fez pobre? (2 Co. 8:9)

23. Que tipo de pessoa é que Deus ama? (2 Co. 9:7)

24. Se queremos ceifar com fartura, o que é que temos de fazer primeiro? (2 Co. 9:6)

25. Se a graça de Deus abundar em nós, que dois resultados teremos? (2 Co. 9:8)

    (1) _____

    (2) _____

26. A que tipo de pessoas é que Deus não negará bem algum? (Sl. 84:11)*

27. A que tipo de pessoas nada faltará (Sl. 34:10)*

28. Em que o Senhor se deleita? (Sl. 35:27)*

_____

Exercício de memorização: Mt. 6:33
Escreva aqui este versículo de cor

_____

_____

_____

_____

NÃO VIRE A PÁGINA ANTES DE TER COMPLETADO TODAS AS RESPOSTAS DESTA LIÇÃO

Lição n.º 11

Respostas Certas e classificações
– Lição N.º 11

Pergunta #	Resposta	Classificação

1. O dízimo (décima parte) de tudo 1
2. Abençoou-o em tudo 1
3. (1) Que fosse com ele... 1
   (2) Que o guardasse por onde fosse 1
   (3) Que lhe desse pão para comer 1
   (4) Que lhe desse para vestir.. 1
4. O dízimo de tudo o que Deus lhe desse1
5. Deus foi bondoso para Jacó... 1
6. Um homem próspero.. 1
7. O Senhor estava com ele, fazendo-o prosperar em tudo o que fazia 1
8. (1) Ela não se devia apartar da sua boca..................................... 1
   (2) Ele devia meditar# nela dia e noite 1
   (3) Ele devia observar (fazer) tudo o que nela estava escrito... 1
9. Ele iria prosperar e o seu caminho seria bem sucedido 2
10. Iria prosperar... 1
11. Deus fez com que ele prosperasse 1
12. Prosperou em tudo o que se propôs a fazer 1
13a.(1) Não andar segundo o conselho dos ímpios........................... 1
    (2) Não se deter no caminho dos pecadores 1
    (3) Não se assentar na roda dos escarnecedores..................... 1
13b.(1) Deve ter prazer na lei do Senhor.. 1
    (2) Deve meditar# na lei de dia e denoite 1
14. (1) Nos dízimos 1
    (2) Nas ofertas 1
15. Toda a nação foi amaldiçoada com uma maldição 1
16. Trazendo os dízimos ao depósito do templo............................... 1
17. "vou abrir as comportas dos céus e derramar sobre vocês tantas bênçãos que nem terão onde guardá-las"........................ 2

O Plano de Deus para a Prosperidade

18. (1) O Reino de Deus 1
    (2) A justiça# de Deus 1
19. Todas as coisas materiais de que necessitam ser-lhes-ão acrescentadas 1
20. Com a mesma medida com que medirmos 1
21. Conforme a sua Prosperidade 1
22. Para que pela sua pobreza nos tornássemos ricos 2
23. O que dá com alegria 1
24. Temos de semear com fartura 1
25. (1) Teremos sempre em tudo a suficiência... 1
    (2) Abundaremos em toda a boa obra 1
26. Aos que andam em rectidão (moralmente) 1
27. Aos que buscam ao Senhor 1
28. Na prosperidade do Seu servo 1

Consulte o cartão de memória para o exercício escrito de memorização.
Se estiver perfeita, 4 pontos para o versículo 4
(menos um ponto para cada erro num versículo, se tiver mais que três erros, não recebe pontos nesse versículo.

TOTAL 47

24 respostas certas = 50%
33 respostas certas = 70%
38 respostas certas = 80%

Lição n.º 11

APONTAMENTOS SOBRE AS RESPOSTAS CORRECTAS
– LIÇÃO N.º 11

(Os números na margem esquerda correspondem ao numero da pergunta utilizada na pagina das Respostas Certas)

1-5 Repare que a prática de dar o "dízimo" não começou com a lei de Moisés. A primeira pessoa registado na Bíblia a dar o dízimo foi Abraão. Em Rm. 4:11-12 Abraão é chamado de "pai de todos os que crêem" também "os que andam nos passos da fé# do nosso pai Abraão."
Os crentes hoje em dia que dão os seus dízimos a Deus estão certamente a andar nas pisadas da fé# de Abraão.
Repare também que o sacerdote a quem Abraão deu os seus dízimos era Melquisedeque e de acordo com os capítulos 5, 6 e 7 de Hebreus mostram-nos que Cristo é o nosso Sumo Sacerdote "segundo a ordem de Melquisedeque". Jesus ainda recebe os dízimos do Seu povo que crê.
Como resultado de dar o dízimo, Abraão e Jacó, tiveram a experiência da bênção. Em Gn.

32:10* Jacó disse, "Quando atravessei o Jordão eu tinha apenas o meu cajado, mas agora possuo duas caravanas" Quando Jacó começou a dar dízimos ao Senhor, ele só possuía o cajado em sua mão. Vinte anos mais tarde era um homem rico, chefe de um povo e com bens que continuavam aumentando.

6.7 As circunstâncias difíceis não impedem Deus de manter as Suas promessas. Mesmo na prisão, José prosperou. Quando ele se tornou um grande líder no Egipto, prosperou ainda mais. A prosperidade de José resultou do seu carácter e relacionamento com Deus.

8-9 Josué foi chamado a conduzir o povo de Deus à Terra Prometida. Hoje, os cristãos são chamados a entrar na "terra das promessas". Antigamente e agora, a base do sucesso é o mesmo. Repare que a meditação# correcta é a chave. Compare com a resposta à pergunta 13b (2).

10-12 Desde do tempo de Davi ao cativeiro na Babilónia, Deus fez prosperar todos os reis de Judá que foram obedientes à lei e fiéis no serviço do templo.

13. Repare que o Sl. 1:1-3* foi escrito para todos os crentes que vivem por essas palavras.

14-15 Quando o povo de Deus não é fiel nas suas ofertas, Deus pode trazer maldição sobre a nação. Este princípio ainda é válido nos dias de hoje, e não somente para a Israel da antiguidade.

16-21 A única base de justiça# aceitável a Deus é a Fe#. "Tudo o que não provém da fé é pecado" (Rm. 14:23). (Compare com Hb. 11:6). Este princípio, aplica-se tanto às nossas finanças, como a qualquer outra área das nossas vidas.

22. De acordo com a Bíblia, a pobreza é uma maldição. Dt. 28:15-68 apresenta uma lista de todas as maldições que resultarem do incumprimento da lei de Deus. No versículo 48, são incluídas as seguintes: "Servirás aos teus inimigos...em fome...em sede...em nudez... em falta de tudo." Isto é pobreza absoluta. Na cruz Cristo levou sobre si todas estas maldições (Ver Gl. 3:13-14). Ele teve fome, sede, nudez, falta de tudo. Ele fez isso para que os crentes pudessem receber a provisão de Deus para cada necessidade (Ver Fp. 4:19).

23. "Com alegria" (2Co 9:7) significa literalmente, "Hilariante"

24. Os cristãos devem dar da mesma forma que um agricultor semeia as sementes. Devem dar cuidadosamente, com sabedoria, em todas as áreas e terão o melhor proveito do reino de Deus.

26-28 Prosperidade é a vontade de Deus para o Seu povo que crê e é obediente.

Lição n.º 11

2ª Avaliação de Progresso

Parabéns ...Outra vez!

Completou os primeiros onze estudos. Já é mais de metade do curso.

Os primeiros seis estudos centraram-se na mensagem da salvação. Esta, é a base para continuar a sua vida em Cristo. Você aprendeu o significado do Baptismo nas águas, e o que significa ser Baptizado no Espirito Santo

Nos cinco estudos que já completou, apendeu como viver uma vida mais profunda em Cristo. Através destes estudos, foi introduzido nos temas de louvor, oração e testemunho. Também aprendeu sobre as provisões de Deus, tanto para as suas necessidades físicas como financeiras.

Pense nisso! Agora tem a resposta, não somente para as suas necessidades, mas também para as necessidades dos outros que estão lutando e sofrendo como você estava.
Que responsabilidade tremenda! Sozinho, não conseguiria enfrentar o desafio. Mas Deus não o deixou sozinho. Ele é a provisão que precisas para que a tua vida possa reflectir a Sua graça e glória em cada circunstância.

Nesta altura, já pesquisou e encontrou nas Escrituras as respostas a 170 perguntas específicas. Já memorizou dezasseis versículos das Escrituras. O seu conhecimento da Bíblia esta crescendo à força toda!
Ao continuar com os cinco estudos seguintes, vai começar a ver a importância de Israel na Bíblia qual foi o plano de Deus para o Seu pova. Vai ver como as profecias do Antigo Testamento são cumpridas no novo testamento e vai conhecer a semelhanças entre os ministérios de Jesus e Moisés.

Segunda Revisão

Antes de iniciar a jornada que espera no novo estudo que vem a seguir, veja se entendeu completamente tudo o que foi ensinado desde o estudo 7 até ao 11. Quando entender o significado dos estudos anteriores estará melhor preparado para continuar os estudos que se seguem.

O método utilizado para a segunda revisão é parecido com o primeiro.

2ª Revisão

Primeiro, leia cuidadosamente todas as perguntas das últimas oito lições, juntamente com suas respostas correctas. Verifique que entende e sabe a resposta correcta para cada pergunta.

Segundo, reveja todas as passagens das Escrituras do Trabalho de Memória que já aprendeu nestas última cinco lições.

Terceiro, leia com cuidado as seguintes questões e considere como responderia a cada uma delas. Cada pergunta esta relacionada de uma forma ou de outra, ao estudo que já fez.

1. Que razões espirituais você pode dar para acreditar que Deus ainda cura os que confiam nele hoje em dia?
2. Quais os três métodos de cura que Deus utiliza? Quão grande proveito tira disso?
3. Escreva um pequeno testemunho, que pode partilhar com outros, sobre como o Senhor tem tocado sua vida.
4. Descreva a pessoa a quem Deus promete: "todo o que fizer prosperará" (Sl.1-3)*

Finalmente, numa folha à parte, escreva as suas respostas às perguntas anteriores.

* * * * *

Não existe pontuação para esta revisão. O propósito, é ajudá-lo a consolidar tudo que tem descoberto. Quando sentir que está satisfeito com o que conseguiu, pode virar a página para começar o Estudo n.º 12.

Lição n.º 12

O Plano Especial de Deus

Lição n.º 12 O PLANO ESPECIAL DE DEUS

INTRODUÇÃO:

Por volta de 1900 AC, Deus escolheu um homem chamado Abrão (mais tarde foi-lhe dado um novo nome, Abraão) para se tornar o pai da nação para o qual Ele tinha planeado um destino especial. Deus fez uma aliança com Abraão, em que prometeu que através dos seus descendentes, todas as nações seriam abençoadas. Deus confirmou esta aliança com o filho de Abraão, Isaque e seu neto, Jacó (cujo nome foi mudado para Israel).

Quatro centos e trinta anos mais tarde, através de Moisés, Deus fez uma nova aliança com os descendentes de Jacó, a nação de Israel, em que Ele lhes deu um conjunto completo de leis e uma imagem mais clara do seu destino. Mais tarde, Deus enviou profetas à Israel.

EXERCÍCIO DE MEMORIZAÇÃO: Ex. 19:5-6*

Marque aqui depois de memorizar o versículo. (reveja diariamente os versículos das lições anteriores.)

PERGUNTAS DA LIÇÃO

A. O PROPÓSITO DE DEUS REVELADO EM ABRAÃO

1. Quantas pessoas, Deus prometeu serem abençoados através de Abraão? (Gn12:3)*

   _____

2. Em que base foi Abraão achado justo por Deus? (Gn.15:6)*

   _____

   _____

3. De quantas pessoas, Deus prometeu ser Abraão o pai? (Gn.17:4-5*)

   _____

Lição n.º 12

4. Com quem Deus fez uma aliança eterna? (Gn17:7*)

_____

5. Qual foi a promessa dada a Abraão nesta aliança? (Gn.17:7)

_____

_____

6. Quais os nomes dos dois descendentes de Abraão que foram incluídos por nome, mais tarde, nesta aliança? (Ex. 6:3-4)* (Lv. 26:42)*

_____

7. Qual foi o novo nome que Deus deu a Jacó? (Gn. 35:10)*

_____

8. Quais foram os exemplos dados por Deus para mostrar a Abraão quão numerosos seriam os seus descendentes? (Gn. 22:17)*

(1) _____ (2) _____

9. Quantas pessoas, Deus prometeu serem abençoadas pela semente de Abraão? (Gn. 22:18)*

_____

10. Porque Deus prometeu isto a Abraão? (Gn. 22:18)*

_____

11. O que Deus exigiu para que Abraão fizesse com seus filhos, e sua casa depois dele, para receberem o que Ele lhes tinha prometido? (Gn.18:19)*

_____

O Plano Especial de Deus

B. O PROPOSITO DE DEUS REVELADO EM MOISÉS

12. Quais foram as duas ordens que Deus deu a Israel quando foram ao Monte Sinai? (Ex 19:5)*

    (1) _____

    (2) _____

13. Desde que Israel cumprisse as ordens dadas por Deus, quais as três coisas que Ele prometeu que seriam? (Ex.19:5-6)*

    (1) _____

    (2) _____

    (3) _____

14. O que mais Deus prometeu sobre as mesmas condições? (Dt. 28:1)*

    _____

15. Aponte duas formas em que essas coisas afectavam a atitude dos outros povos em relação a Israel. (Dt.28:10)*

    (1) _____

    (2) _____

16. Qual seria o resultado de Israel manter a aliança com Deus? (Dt. 29:9)*

    _____

C. O PROPÓSITO DE DEUS REVELADO NOS SALMOS E PROFETAS

17. Anote duas formas em como o favor e bênção de Deus sobre Israel iria se manifestar ao resto do mundo? (Sl. 67:1-2)*

    (1) _____

    (2) _____

Lição n.º 12

18. Deus promete o Seu Espírito sobre o Seu servo escolhido. O que este servo fará para os gentios#? (Is. 42:1)

   _____

19. Mencione duas coisas que Deus afirma dizer que este servo será para Israel e os gentios#. (Is. 42:6)*

   (1) _____
   (2) _____

20. Quais as duas coisas que Deus escolheu que Israel seria para Ele? (Is.43:10)*

   (1) _____ (2) _____

21. Mencione três formas que Deus desejava que Israel respondesse quando Ele se revelou. (Is. 43:10b)*

   (1) _____ (2) _____ (3) _____

Os profetas descreveram uma imagem sobre um período futuro, quando os propósitos de Deus para Israel se iriam cumprir. As perguntas seguintes relacionam-se com esse período

22. Que duas razões, levariam as pessoas ao monte do Senhor? (Is.2:2-3)*

   (1) _____
   (2) _____

23. Que duas coisas sairiam de Sião e Jerusalém? (Is. 2:3)

   (1) _____ (2) _____

24. Numa altura em que a terra está em trevas, o que é que o Senhor fará para Sião? (Is. 60:2)*

   _____

25. Como é que os governantes e as outras nações vão reagir? (Is. 60:3)*

   _____

O Plano Especial de Deus

26. Na altura em que a terra de Israel é restaurada e reconstruída, quais os dois nomes que vão ser dados ao Judeus? (Is. 61:4-6)*

   (1) _____ (2) _____

27. Qual vai ser o propósito de muitos povos e nações irem a Jerusalém? (Zc.8:22)*

   _____

   _____

28. O que os homens das outras nações dirão ao Judeu? (Zc. 8:23)*

   _____

Exercício de Memorização: Êxodo 19:5-6*
Escreva aqui estes versículos de cor

_____

_____

_____

_____

NÃO VIRE A PÁGINA ANTES DE TER COMPLETADO TODAS AS RESPOSTAS DESTA LIÇÃO

Lição n.º 12

RESPOSTAS CERTAS E CLASSIFICAÇÕES . LIÇÃO N.º 12

Pergunta #	Resposta	Classificação
1.	Todas as famílias da terra	1
2.	Abraão creu (em Deus)	1
3.	Muitas nações	1
4.	Com Abraão e seus descendentes	1
5.	Ser seu Deus e dos seus descendentes	1
6.	Isaac e Jacó	1
7.	Israel	1
8.	(1) As estrelas do céu	1
	(2) A areia da praia	1
9.	Todas as nações da terra	1
10.	Porque Abraão obedeceu à voz do Senhor	1
11.	Para os instruir no caminho do Senhor, praticando o que é justo# e direito	2
12.	(1) Obedecer à voz do Senhor	1
	(2) Guardar a aliança do Senhor	1
13.	(1) Seu tesouro pessoal dentre todas as nações	1
	(2) Um reino de sacerdotes	1
	(3) Uma nação santa	1
14.	Serem exaltados sobre todas as nações da terra	1
15.	(1) Verão que és protegido pelo nome do Senhor	1
	(2) Terão medo de Israel	1
16.	Prosperarão em tudo que fizerem	1
17.	(1) O caminho do Senhor será conhecido na terra	1
	(2) A salvação# de Deus será conhecida entre as nações	1
18.	Trará justiça aos gentios#	1
19.	(1) Uma aliança com o povo (Israel)	1
	(2) Uma luz para os gentios#	1
20.	(1) Testemunhas Suas	1
	(2) Servos Seus	1
21.	(1) Conhecer	1
	(2) Crer	1

	(3) Compreender 1
22.	(1) Para que instrua a respeito dos Seus caminhos 1
	(2) Para que andam em Seus caminhos 1
23.	(1) A Lei... 1
	(2) A Palavra do Senhor 1
24.	Sua glória será vista e levantará Sua face sobre ti 2
25.	As nações gentios# caminharão na Tua luz, e os reis no clarão do teu sol nascente 2
26.	(1) Os sacerdotes do Senhor... 1
	(2) Os servos do Senhor 1
27.	(1) Buscar o Senhor dos Exércitos 1
	(2) Orar perante o Senhor.. 1
28.	Iremos convosco, porque temos ouvido que Deus é convosco 2

Consulte o cartão de memória para o exercício escrito de memorização.
Se estiver perfeita, 4 pontos por cada versículo 8
(menos um ponto para cada erro num versículo, se tiver mais que três erros, não recebe pontos para esse versículo.)

TOTAL 54

27 respostas certas = 50%
38 respostas certas = 70%
43 respostas certas = 80%

Líção n.º 12

APONTAMENTOS SOBRE AS RESPOSTAS CORRECTAS
– LIÇÃO N.º 12

(Os números na margem esquerda correspondem ao numero da pergunta utilizada na pagina das Respostas Correctas)

1. Desde o início, o propósito de Deus incluía todas as nações da terra.

2. A base da relação de Abraão com Deus foi sua fé#.

3. Abrão quer dizer "pai exaltado"; Abraão quer dizer "pai duma multidão". Desde o início, o plano de Deus ia além dos descendentes directos de Abraão Incluía todos os povos de todas as nações.

4-5. A aliança foi o maior compromisso solene que Deus fez. Cada relação permanente com Deus tem de ser baseada na aliança. (Veja Sl. 50:5)*

6-7. A aliança de Deus foi primeiro confirmada com Isaac (não Ismael); depois com Jacó (a que deu o nome de Israel); depois a nação descendente de Jacó passou a chamar-se Israel.

8-9. Deus enfatizou que o número de pessoas que seriam abençoadas por Abraão, seria maior do que ele podia imaginar ou calcular.

10. A fé# de Abraão ficou expressa na sua obediência – mesmo quando significou sacrificar o seu filho.

11. Abraão instruía e disciplinava a sua casa seguindo o padrão que Deus deu para todos os pais. Razão, pela qual Deus o escolheu.

12. A chave para todas as bênçãos de Deus é obedecer à sua voz. (Compare Ex. 15:26* e Dt. 28:1-2.*)

13. As três promessas são o sumário do propósito de Deus para Israel.

14-15 Deus pretendia que Israel fosse um líder e padrão para todas as outras nações.

16. Veja nota da pergunta 12.

O Plano Especial de Deus

17. Deus pretendia que as bênçãos que Ele concedesse a Israel, fluíssem deles para todas as nações.

18-19. Por fim, o propósito de Deus para Israel, seria cumprido através do Servo aqui descrito.

20. Veja a nota das perguntas 14-15 e 18-19.

21. Esta resposta em triplicado, é necessária para Israel cumprir o propósito de Deus.

22-23.
A intenção de Deus é que Jerusalém seja um centro de ensinamento espiritual para todas as nações.

24-25.
O fecho desta era, terá um período de trevas e aflição mundial, no meio do qual Deus revela na Sua glória primeiro a Sião, e depois através de Sião, às outras nações e seus governantes.

26. A restauração de Israel cumprirá o propósito de Deus que se encontra em Ex. 19:6*.

27-28.
Veja nota das perguntas 22-23.

Lição n.º 13

Lição n.º 13 FALHA E REDENÇÃO

Introdução

Através de Moisés, Deus fez uma aliança com Israel que tinha dois lados opostos. Se Israel fosse fiel à aliança, eles seriam abençoados para além das outras nações. Mas se fossem infiéis, Deus traria sobre eles uma série de julgamentos# contínuos e severos. Na história subsequente, Israel foi infiel, e todos os julgamentos# que Deus predisse, viéram sobre eles.

Porém, Deus prometeu que, nos últimos dias, um Redentor viria a Sião e que Israel receberia perdão, e seria purificado de todos os seus pecados e se tornaria mais uma vez uma nação santa.

Exercício de memorização: Is. 43:25*

Marque aqui depois de memorizar o versículo. (reveja diariamente os versículos das lições anteriores.)

Perguntas da Lição

A. A FALHA DE ISRAEL

1. O que é que Moises advertiu que Israel ia fazer depois da sua morte? (Dt. 31:29)*

   _____

2. Porque viriam desastres sobre Israel nos últimos tempos? (Dt. 31:29)

   _____

3. Três vezes Deus advertiu Israel sobre seu comportamento em relação a Ele. Como se comportavam eles? (Lv. 26:21,23,27)*

   _____

Falha e Redenção

4. Se Israel ignorasse os avisos de Deus, uma série de consequências maléficas viriam sobre eles. Escreve os que se encontram nos seguintes versículos de Lv. 26*

   (1) v.25 _____

   (a) _____

   (b) _____

   (c) _____

   (2) v.29 _____

   (3) v. 31 _____

   (a) _____

   (b) _____

   (c) _____

   (4) v.32 _____

   (a) _____

   (b) _____

   (5) v.33 _____

   (a) _____

   (b) _____

5. De todos os castigos mencionados nas respostas e perguntas 1 a 4, quantos já vieram sobre o povo Judaico?

Lição n.º 13

6. Daniel confessou# vários pecados cometidos pelo seu povo. Aponte os que estão mencionados em Dn. 9:5*?

   (1) _____ (2) _____

   (3) _____ (4) _____

   (5) _____

7. De que forma, Israel desobedeceu à voz do Senhor? (Dn 9:10)*?

   _____

8. Se Daniel ainda estivesse vivo, quantos dos pecados que ele confessou# na altura pelo povo Judaico teria de confessar# hoje?

   _____

B. SALVAÇÃO# DE DEUS

9. Deus avisou a Israel que seriam forçados a sair da sua terra mas prometeu-lhes que não faria duas coisas. Quais são? (Lv. 26:44)*

   _____

10. Do que se lembra Deus, que faz com que Ele mostre misericórdia por Israel? (Lv. 26:45)*

    _____

11. Pelo que Davi orou, que viesse já de Sião? (Sl. 14:7)*

    _____

    _____

12. No dia em que a ira do Senhor se desviar, o que é que Israel dirá sobre a salvação de Deus? (Is. 12:2)*

    _____

Falha e Redenção

13. De que duas maneiras Deus se revelou a Israel? (Is. 43:3)*
    (1) _____ (2) _____

14. Existe outro Salvador? (Is. 43:11)* _____
    _____

15. O que é que Deus promete ao referir-se às transgressões# de Israel? (Is.43:25)*
    _____

16. O que é que Deus promete ao referir-se aos pecados de Israel? (Is.43:25)*
    _____

17. Em Sião, a quem Deus promete um Redentor? (Is.59:20) *
    _____

18. Quem é que virá a Sião? (Is. 62:11)* _____
    _____

19. O que é que trará com ele? (Is. 62:11)* _____
    _____

20. O que estará diante dele? (Is.62:11)* _____
    _____

21. No dia em que Deus restaurar Israel, de que duas formas lidará com as suas iniquidades? (Jr. 33:7-8)*
    (1) _____ (2) _____

22. No dia em que Deus trouxer Israel de volta à sua terra, como é que Ele será revelado às nações? (Ez. 39:27)*
    _____

Lição n.º 13

Exercício de Memorização: Is. 43:25*
Escreva aqui estes versículos de cor

_____

_____

_____

_____

_____

NÃO VIRE A PÁGINA ANTES DE TER COMPLETADO TODAS AS RESPOSTAS DESTA LIÇÃO

Falha e Redenção

RESPOSTAS CERTAS E CLASSIFICAÇÕES . LIÇÃO N.º 13

Pergunta	Resposta	Classificação

1. Tornar-se corrupta e afastar se do caminho que Moisés ordenou 2
2. Porque fariam o que o Senhor reprova, iriam provocar a Sua ira, pelo que faziam as suas mãos 2
3. Opuseram-se a Deus 1
4. (1) (a) A espada (guerra) contra eles 1
   (b) Atingidos por pestes 1
   (c) Entregues nas mãos dos inimigos 1
   (2) Comerão a carne dos seus filhos e das suas filhas 1
   (3) (a) Cidade em ruinas 1
   (b) Santuários arrasados 1
   (c) Não podiam oferecer sacrifícios 1
   (4) (a) Terra desolada 1
   (b) Inimigos ocuparam a terra e ficam perplexos com a situação 1
   (5) (a) Espalhados entre as nações 1
   (b) Perseguidos pela espada 1
5. Todos 1
6. (1) Temos pecado 1
   (2) Somos impios 1
   (3) Afastámo-nos das tuas leis ....
   (4) Somos rebeldes 1
   (5) Afastámo-nos dos teus mandamentos 1
7. Não obedeceram às leis de Deus, que foram dadas por meio dos Seus profetas 2
8. Todos 1
9. (1) Não os desprezarei 1
   (2) Não os rejeitarei, para destruí-los totalmente, quebrando a minha aliança com eles 2
10. Da aliança com os seus antepassados que tirei da terra do Egipto 2

Lição n.º 13

11. A salvação# de Israel... 1
12. Deus é/ Tornou-se a minha salvação#.. 1
13. (1) O Santo de Israel.. 1
    (2) O seu Salvador... 1
14. Não.. 1
15. Ele apaga as transgressões, pecados 1
16. Não se lembra mais de seus pecados....................................... 1
17. Aos arrependidos dos seus pecados (transgressões#) e que se convertem... 1
18. O Salvador 1
19. Sua recompensa 1
20. Seu galardão 1
21. (1) Restaurar e edificar.. 1
    (2) Perdoar e purificar.. 1
22. Serei Santo# no meio deles.. 1

Consulte o cartão de memória para o exercício escrito de memorização.
Se estiver perfeita, 4 pontos para o versículo. 4
(menos um ponto para cada erro num versículo, se tiver mais que três erros, não recebe pontos nesse versículo.

TOTAL 48

24 respostas certas = 50%
34 respostas certas = 70%
38 respostas certas = 80%

Falha e Redenção

APONTAMENTOS SOBRE AS RESPOSTAS CORRECTAS
– LIÇÃO N.º 13

(Os números na margem esquerda correspondem ao número da pergunta utilizada na página das Respostas Correctas)

1-2. Mesmo antes de Deus fazer uma aliança com Israel, Ele já sabia que não seria cumprida. Ele já tinha preparado um caminho pelo qual podiam receber perdão e restauração.

3. A raíz do mau comportamento de Israel foi uma atitude incorrecta: andaram ao contrário da vontade de Deus. Outra tradução diz "E se andardes contrariamente para comigo, (Deus)." (Lv.26:21 JFA)*

4-5. A forma exacta sobre as consequências que Israel sofreu estão registadas na Bíblia, e parcialmente nos escritos de Flávio Josefo, Também continua ao longo da história.

6-8, Os pecados confessados# por Daniel resumem-se numa palavra: rebelião.

9. Deus avisou a Israel que iria castigar seu pecado. Mas, também prometeu que nunca iria rejeitá-los como Seu povo. (compare com Jr.33:23-26)

10. Mesmo que o povo seja infiel, Deus permanece fiel à Sua aliança. (compare com Sl.89:34)*

11-14 O remédio de Deus para as transgressões de Israel é somada numa palavra: salvação#. Somente Deus pode ser O salvador sem comprometer Sua santidade.

15-16 A salvação# de Deus é completa. Ele apaga os nossos pecados de tal maneira que não se lembra mais deles.

17. Deus, na Sua misericórdia, oferece a Israel um Redentor, mas Israel terá de aceitar e arrepender-se das suas transgressões, para O aceitar.

18-20. O Redentor trará três coisas com Ele: salvação#, recompensa #, galardão.

21 Salvação# inclui ser limpo e absolvido dos pecados.

Lição n.º 13

22 Desde o início, o propósito de Deus tem sido, fazer de Israel uma bênção para outras nações e revelar Sua santidade através de Israel.

A Imagem de Jesus (Parte 1)

Lição n.º 14 A IMAGEM DE JESUS (PARTE 1)

INTRODUÇÃO:

Deus previu que Israel voltaria ao pecado e falhariam em cumprir o propósito que tinha para eles. Na Sua misericórdia, porém, Ele prometeu enviar um Redentor da semente de Davi. Tal como Davi, o Redentor seria ungido com o Espirito Santo de Deus e por essa razão seria conhecido como o "Messias". (O Ungido). No Novo Testamento, Cristo quer dizer o mesmo que Messias. A vinda do Messias é o tema central no Antigo Testamento. (Em Hebraico, um Antigo Testamento é chamado de Tanach), Os profetas descrevem com precisão, como Ele viria e o que Ele iria fazer. No primeiro século, escritores Judeus que acreditavam nestas promessas descreviam um homem que as tinha cumprido e quem eles reconheciam ser o Messias. O Novo Testamento é composto dos seus escritos. As perguntas neste estudo referem-se em parte ao Antigo Testamento e em parte ao Novo Testamento.

EXERCÍCIO DE MEMORIZAÇÃO: ML.3:1*

Marque aqui depois de memorizar o versículo. (reveja diariamente os versículos das lições anteriores.)

PERGUNTAS DA LIÇÃO

A. A GENEOLOGIA DO MESSIAS

1. A quem é que Deus prometeu uma semente? (Gn. 22:15-18)*

   _____

2. O que é que Deus prometeu às nações através desta semente? (Gn.22:18*)

   _____

3. A linhagem de Jesus vem deste antepassado? (Mt.1:1)

   _____

Lição n.º 14

4. O que agora é oferecido aos gentios# através de Jesus? (Gl.3:13-14)
   _____

5. Através de qual dos dois filhos de Abraão foi prometida vir esta semente? Gn. 17:19,21)* _____

6. Jesus é descendente de Isaac? (Mt. 1:2) _____
   _____

7. A bênção de Abraão foi transmitida por Isaac a qual dos seus filhos? (Gn. 28:1-4) _____

8. Esta bênção também foi concedida aos descendentes deste filho? (Gn.28:4)*
   _____

9. Jesus é descendente de Jacó? (Lc. 3:34) _____

10. De que tribo o Messias viria? (Gn. 49:10)* _____

11. De que tribo veio Jesus? (Lc. 3:33) _____

12. O Messias seria descendente de que rei de Israel? (Sl.89:35-36)* (Is. 9:6-7)*
    _____

13. Jesus é descendente deste Rei? (Mt. 1:6-16) _____

B. NASCIMENTO DO MESSIAS

14. Onde nasceria o Messias? (Mq 5:2)* _____

15. Onde é que Jesus nasceu? (Mt.2:1) (Lc 2:4-7) _____

16. O que seria único sobre o nascimento do Messias? (Is.7:14)*
    _____

A Imagem de Jesus (Parte 1)

17. O que foi único sobre o nascimento de Jesus? (Mt. 1:18, 22-23) (Lc. 1:26-35)

   _____

18. Daniel previu algum tempo em que o Messias viria? (Dn. 9:25-26)*

   _____

19. O Messias viria quanto tempo depois do decreto da reconstrução de Jerusalém?
   (Dn. 9:25)* _____

20. Jesus veio na altura profetizada por Daniel? _____

C. O MINISTÉRIO DO MESSIAS

21. Algum mensageiro procedeu o Messias? (Ml. 3:1)*

   _____

22. Qual foi o propósito do mensageiro? (Ml. 3:1)* _____

   _____

23. Qual foi o mensageiro que precedeu Jesus? (Mt. 31: 1-3; 11:7-10) (Lc 1:76)

   _____

24. Qual era o propósito deste mensageiro? (Mt. 31: 1-3; 11:7-10) (Lc 1:76)

   _____

25. Do que é que o Senhor viria como mensageiro? (Ml. 3:1)*

   _____

26. Deus prometeu uma nova aliança com Israel? (Jr. 31:31-34)*

   _____

Lição n.º 14

27. Os pecados serão perdoados completamente por essa aliança?(Jr. 31:34)*

_____

_____

28. Jesus veio como mediador da aliança? (Hb. 9:13-15)

_____

29. O que João Batista viu descer sobre Jesus, em forma de uma pomba? (Jo. 1:29-33)

_____

30. Isaías descreve um homem ungido pelo Espírito Santo. Mencione quatro coisas que lhe permitia (o ungido) fazer isso. (Is 61:1)*

   (1) _____ (2) _____

   (3) _____ (4) _____

31. Depois de ler estas palavras na sinagoga, o que é que Jesus disse sobre ele mesmo?

   (Lc. 4:16-21) _____

32. Com o que é que Deus ungiu Jesus de Nazaré? (At. 10:38)

_____

33. Mencione duas coisas que a unção permitiu Jesus fazer? (At. 10:38)

   (1) _____ (2) _____

34. Isaías profetizou que Deus viria salvar Israel e traria cura para quatro tipos de enfermidades. Mencione os quatro tipos. (Is. 35:4-6)*

_____

35. Mencione quatro tipos de enfermidades que Jesus curou. (Mc 8:22-25; 7:32-37) (Jo 5:5-9) (Mt 9:32-33) _____

A Imagem de Jesus (Parte 1)

36. Montado sobre que animal, se predisse que o Messias entraria em Jerusalém? (Zc 9:9)* _____

37. Os discípulos de Jesus o montaram sobre que animal, na Sua entrada triunfal em Jerusalém? (Mt. 21:6-11) (Mc 11:1-11)

_____

Exercício de Memorização: Ml. 3:1*
Escreva aqui estes versículos de cor

_____
_____
_____
_____

NÃO VIRE A PÁGINA ANTES DE TER COMPLETADO TODAS AS RESPOSTAS DESTA LIÇÃO

Lição n.º 15

RESPOSTAS CERTAS E CLASSIFICAÇÕES . LIÇÃO N.º 14

Pergunta	Resposta	Classificação

1. A Abraão 1
2. Bênção 1
3. Sim 1
4. A bênção de Abraão 1
5. Isaac 1
6. Sim 1
7. Jacó 1
8. Sim 1
9. Sim 1
10. Judá 1
11. Judá 1
12. Davi 1
13. Sim 1
14. Belém de Judá 1
15. Belém de Judá 1
16. Seria nascido de um virgem 1
17. Nasceu de um virgem 1
18. Sim 1
19. 69 semanas (ou um total de 483 anos Judaicos) 1
20. Sim 1
21. Sim 1
22. Preparar o caminho do Messias 1
23. João Batista 1
24. Preparar o caminho de Jesus 1
25. Da aliança 1
26. Sim 1
27. Sim 1
28. Sim 1
29. O Espírito Santo 1
30. (1) Para levar boas notícias aos pobres 1
    (2) Cuidar dos que estão com o coração quebrantado 1

A Imagem de Jesus: Parte 2

	(3) Anunciar liberdade aos cativos 1
	(4) Libertação das trevas aos prisioneiros, ... 1
31.	Hoje a Escritura está cumprida 1
32.	Com o poder do Espírito Santo 1
33.	(1) Para fazer o bem 1
	(2) Libertar os oprimidos do diabo 1
34.	(1) Cegueira 1
	(2) Surdez 1
	(3) Coxos (Paralíticos e aleijados) 1
	(4) Mudez 1
35.	(1) Cegueira 1
	(2) Surdez 1
	(3) Coxos (paralíticos e aleijados) 1
	(4) Mudez 1
36.	Sobre um burro, jumento 1
37.	Sobre um burro, jumento 1

Consulte o cartão de memória para o exercício escrito de memorização.
Se estiver perfeita, 4 pontos para o versículo 4
(menos um ponto para cada erro num versículo, se tiver mais que três erros, não recebe pontos nesse versículo.

TOTAL 51

26 respostas certas = 50%
36 respostas certas = 70%
41 respostas certas = 80%

Lição n.º 15

APONTAMENTOS SOBRE AS RESPOSTAS CORRECTAS
– LIÇÃO N.º 14

(Os números na margem esquerda correspondem ao numero da pergunta utilizada na página das Respostas Correctas)

1-6   Através de Isaac, Deus prometeu a Abraão que lhe daria prosperidade que serviria de bênção para todas as nações. Jesus, o Messias foi descendente de Abraão através de Isaac. Foi cumprida a promessa através da Semente, de quem viria a bênção sobre todas as nações. (Gl. 3:16)

7-9   A promessa da Semente pelo qual viria a bênção, veio da linhagem de Jacó. Por isso, o Messias tinha que vir da linhagem do povo Judeu

10-13   Deus ordenou que o Messias viria a Israel dá tribo de Judá. Foi cumprido primeiro em Davi, e depois em Jesus, que é descendente de Davi.

1-13   Enquanto Jesus esteve na terra, ninguém desfiou a genealogia ou os antepassados da linhagem de Davi. Todos os registros genealógicos de Israel foram perdidos quando o templo foi destruído em 70 DC. Por isso é impossível para alguém que nascesse depois dessa data afirmar que é o Messias. Na genealogia de Jesus em Lucas, ele somente disse que Jesus devia de ser o filho de José. (veja Lc. 3-23).

14-15   Na altura que Jesus nasceu, os lideres Judeus religiosos esperavam que o Messias nascesse em Belém de Judá. (Mt. 2:1-6).

16-17   Repare nas seguintes razões para traduzir "almah" nesta passagem como a "virgem" (Is. 7:14)*: (1) Os escritores Judeus da Septuaginta traduziram para parthenos, que é a palavra padrão standard para virgem no Grego; (2) Nenhuma profecia do Tanach se refere a um pai humano para o Messias, somente a uma mãe. ((veja (Is 49:1,5) e Sl 22:9))*; (3) Almah descreve uma mulher jovem, ainda não casada, (cuja) situação se aplica exactamente aMaria; (4) No Tanach, almah é usado unicamente para se referir a uma virgem (veja Gn 24:43: Ex 2:8);* (5) A alternativa para a palavra Hebraica bethulah em Jl1:8* refere-se a uma mulher que tem um marido. Ainda mais, bethulah, é utilizado por vezes para personificar uma nação. (veja Is 23:12; Is. 47:1; Jr 18:13; Jr. 31:4,21).*

18-20   De acordo com Dn 9:25-26, * O Ungido (Messias) viria e depois seria morto passado 69 semanas (literalmente, sete anos). O ano Judaico é equivalente a 360 dias, e de acordo com o calendário usado no Oeste corresponde aproximadamente a 477 anos. O decreto para restaurar Israel no reino de Artaxerxes Rei da Pérsia, foi decretado aproximadamente no ano 445 AC. Este indicava a data de 32AD para a vinda do Messias o Príncipe. Jesus fez a sua entrada triunfal em Jerusalém aproximadamente nessa altura ou pouco depois da data prevista para a sua morte. "O povo do príncipe que viria" foram as legiões Romanos debaixo de autoridade de Titus que destruiram Jerusalém em 70 AD.

25-28. A nova aliança prometida em Jeremias 31:31-34* foca três pontos principais: (1) uma nova natureza (Porei a minha lei no íntimo deles e a escreverei nos seus corações...Jr.31-33); (2) uma relação pessoal com Deus ("todos eles Me conhecerão" Jr.31:34); (3) perdão dos pecados (Porque eu lhes perdoarei a maldade e não me lembrarei mais dos seus pecados" Jr. 31:34). Estes pontos estão todos incluídos na aliança que Jesus instituiu. Também, em Ez. 16:59-60*, Deus acusa Israel de quebrar a primeira aliança mas promete repor uma aliança eterna.

29-35. O Espírito Santo descendo sobre Jesus confirmou o Messias como o prometido. Deu Lhe o poder para libertar o povo de Deus dos pecados e doenças.

34-35. Os milagres de cura de Jesus confirmaram a Sua identidade como Messias.

36-37. Era costume um rei andar sobre um jumento. (veja 1Rs. 1:33-34.)*

Lição n.º 15 A IMAGEM DE JESUS: PARTE 2

Introdução:

O apóstolo Pedro escreveu, que os profetas do Antigo Testamento tinham o Espírito de Cristo neles e que eles profetizaram sobre os sofrimentos de Cristo e a glória que o seguiria. (1Pe 1:10-11). Por vezes, os profetas disseram coisas, que logicamente, nunca lhes aconteceram, e que manifestaram-se mais tarde na vida de Jesus. Eles descreveram primeiro os sofrimentos de Cristo (Messias) e depois a eterna# gloria em que Ele iria entrar. Estas predições acontecem frequentemente nos Salmos de Davi e em Isaías. Este estudo contem vários exemplos.

Exercício de memorização:

Marque aqui depois de memorizar o versículo. (reveja diariamente os versículos das lições anteriores.)

Preguntas da Lição

D. Sofrimento do Messias

38. O Messias seria aceite ou rejeitado pelo Seu povo' (Is. 53:1-3)* _____

39. Israel, como nação, aceitou ou rejeitou Jesus? (Jo. 1:11; 12:37-38) _____

40. Por que tipo de pessoas iria o Messias ser traído? (Sl 41:9)* _____

41. Jesus foi traído por quem? (Mc 14:10) _____

A Imagem de Jesus: Parte 2

42. Este homem era amigo de Jesus? (Mt. 26:47,50)
    _____

43. O messias foi traído por que preço? (Zc. 11-12)*
    _____

44. Qual foi o valor recebido pelo traidor de Jesus? (Mt. 26:15)
    _____

45. Que destino teve o dinheiro recebido pela traição de Messias? (Zc. 11:13)*
    _____

46. O que foi feito com o dinheiro recebido pela traição de Jesus? (Mt. 27:3-7)
    _____

47. O Messias defendeu-se perante os Seus acusadores? (Is. 53:7)*
    _____

48. Como Jesus reagiu perante os Seus acusadores? (Mt. 26:62-63; 27:12-14)
    _____

49. Cuspiram e espancaram o Messias? (Is 50:6)* _____
    _____

50. Indique duas das formas que Jesus sofreu nas mãos dos Seus opressores#. (Mc 14:65)
    (Jo 19:1). _____

51. Que tipo de pessoas foram executadas juntamente com o Messias? (Is 53:12)*
    _____

Lição n.º 15

52. Quem foram os dois homens crucificados com Jesus? (Mt. 27:38)
   _____

53. Indique duas partes do corpo do Messias que foram perfuradas? (Sl. 22:16)*
   _____

54. Jesus foi perfurado nas mãos e nos pés? (Jo 20:25-27)
   _____

55. O que iria acontecer às vestes do Messias? (Sl. 22:18)*
   _____

56. O que os soldados Romanos fizeram com as vestes de Jesus? (Jo 19:23-24)
   _____

57. O que iriam dar a beber ao Messias? (Sl 69:21)* _____
   _____

58. O que deram a Jesus para beber? (Jo 19:29) _____
   _____

59. O que não podia acontecer aos ossos do Messias? (Sl. 34:19-20)*
   _____

60. Os ossos de Jesus foram quebrados? (Jo 19:33,36)
   _____

61. O que é que Deus faria cair sobre o Messias? (Is 53:6)*
   _____

A Imagem de Jesus: Parte 2

62. Como resultado disso, o que aconteceria ao Messias? (Is.53:8)*

    _____

63. O que é que Jesus levou sobre a cruz? (1 Pe. 2:24)

    _____

64. O que é que aconteceu a Jesus como resultado do nosso pecado? (1 Pe 3:18)

    _____

65. Num túmulo de que tipo de pessoa seria sepultado o Messias? (Is 53:9)*

    _____

66. De que esfera social era o dono do tumulo em que Jesus foi sepultado? (Mt. 27:57-60)

    _____

67. Essa pessoa era rica ou pobre? (Mt 27:57)_____

E. VITÓRIA DO MESSIAS SOBRE A MORTE

68. Depois da o Messias ofertar sua alma pelo pecado, que três promessas se cumpriram Nele? (Is. 53:10)*

    (1) _____ (2) _____
    (3) _____

69. Estas promessas poderiam cumprir-se, se o Messias permanecesse morto?

    _____

    _____

70. Que duas coisas foram prometidas por Deus ao Seu Santo? (Sl. 16:10)*

    (1) _____ (2) _____

Lição n.º 15

71. Estas duas coisas também se cumpriram em Davi? (1 Rs 2:10)* (At 2:29)

_____

72. Em quem se cumpriram? (At. 2:30-32) _____

_____

73. Qual a posição de autoridade que Deus prometeu ao Messias? (Sl. 110:1)*

_____

74. Poderia essa autoridade ser cumprida se Ele permanecesse na terra?

_____

75. A que lugar de autoridade, foi Jesus exaltado por Deus? (At 2:33-36)

_____

76. Até quando Jesus permanecerá no Céu? (At. 3:19-21)

_____

77. Onde veremos o Messias quando vier? (Dn. 7:13)*

_____

78. Como Jesus vai voltar do Céu? (Mt. 26:63-34)

_____

79. Sobre que monte estarão os pés do Messias? (Zc 14:4)*

_____

80. Jesus voltará sobre que monte? (At. 1:9-12)

_____

A Imagem de Jesus: Parte 2

Exercício de Memorização: Is 53:4-5*
Escreva aqui estes versículos de cor

_____

_____

_____

NÃO VIRE A PÁGINA ANTES DE TER COMPLETADO TODAS AS RESPOSTAS DESTA LIÇÃO

Lição n.º 15

Respostas Correctas e classificações.
Lição N.º 15

Pergunta	Resposta	Classificação

38.	Ele seria rejeitado	1
39.	Eles rejeitaram-no	1
40.	Pelo melhor amigo	1
41.	Judas Iscariotes	1
42.	Sim	1
43.	30 moedas de prata	1
44.	30 moedas de prata	1
45.	Foi lançado ao oleiro na casa do Senhor	2
46.	Jogado para dentro do templo e usado para comprar o campo do Oleiro	2
47.	Não	1
48.	Permaneceu em silêncio	1
49.	Sim	1
50.	Foi espancado e cuspiram nele	2
51.	Transgressores#	1
52.	Dois salteadores (transgressores#)	1
53.	Seus pés e Suas mãos	2
54.	Sim	1
55.	Dividiram as Suas roupas entre si, e tiraram sortes sobre as Suas vestes	2
56.	Dividiram as Suas roupas entre si, e tiraram sortes pelas Suas vestes	2
57.	Vinagre	1
58.	Vinagre	1
59.	Não podiam ser quebrados	1
60.	Não	1
61.	As iniquidades de todos	1
62.	Foi eliminado da terra dos viventes	2
63.	Nossos pecados	1
64.	Foi condenado à morte	1

A Imagem de Jesus (Parte 1)

65. Um homem rico 1
66. José de Arimatéia 1
67. Um homem rico 1
68. (1) Verá a sua posteridade 1
    (2) Prolongará seus dias 1
    (3) A vontade do Senhor prosperará nas suas mãos. 1
69. Não 1
70. (1) Ele não o abandonará no sepulcro 1
    (2) Ele não permitirá que seu Santo sofra decomposição 1
71. Não 1
72. Em Jesus 1
73. Sentar à direita de Deus 1
74. Não 1
75. À direita de Deus 1
76. Ate ao tempo de restauração de todas as coisas 1
77. Vindo com as nuvens dos céus 1
78. Vindo sobre as nuvens do céu 1
79. Monte das Oliveiras 1
80. Monte das Oliveiras 1

Consulte o cartão de memória para o exercício escrito de memorização.
Se estiver perfeita, 4 pontos por cada versículo 8
(menos um ponto para cada erro num versículo, se tiver mais que três erros, não recebe pontos para esse versículo.)

TOTAL 61

31 respostas certas = 50%
43 respostas certas = 70%
49 respostas certas = 80%

Lição n.º 15

APONTAMENTOS SOBRE AS RESPOSTAS CORRECTAS
– LIÇÃO N.º 15

(Os números na margem esquerda correspondem ao número da pergunta utilizada na página das Respostas Correctas)

38,47,51,61,62,65,68.

Isaías 52:13+ e 53:12 são grandes profecias Messiânicas do Antigo Testamento Descrevem um Servo do Senhor que é rejeitado pelo Seu próprio povo, sem pecado da Sua parte, que sofre o castigo da morte pelo pecado deles. Os teólogos judaicos tentaram identificar o "Servo" de Isaías 52:13, por causa do sofrimento causado ao povo judaico, às mãos das outras nações. Mas a interpretação não é valida pelas seguintes razões:

(1) O "Servo" aqui descrito não é culpado de qualquer violência ou engano. (Is. 53:9)* Portanto não se aplica ao povo Judeu.

(2) O "Servo" foi ferido pelas transgressões de outros. (veja versículos 4-6) Os sofrimentos de Israel, são consequências dos seus próprios pecados, tal como Moisés já tinha avisado. (veja Lv. 26:14-43)

(3) Ao ter conhecimento pessoal sobre este "Servo" (que levou as iniquidades de todos sobre Ele mesmo), muitos seriam feitos justos# perante Deus. Isto somente é possível mediante a fé# pessoal no Messias. (veja Ro. 3:21-24)

39. Israel como nação, rejeitou a Jesus. Porém, houve um remanescente que O seguiu. Os primeiros crentes eram na sua maior parte, Judeus Messiânicos.

59-60.

O cordeiro da Páscoa, cujo sangue protegeu os filhos de Israel do anjo da morte, não podia ter os seus ossos partidos (Ex. 12:46).* Jesus, como o cordeiro sacrificial de Deus, da mesma forma não podia ter nenhum osso partido. (Jo 1:29) (1 Co 5:7).

61-64.

Quando o Sumo Sacerdote, no dia da expiação, transferia os pecados de Israel para o bode expiatório, prefigurava o sacrifício de Jesus. (Lv 16:21-22) Sómente o sangue de um sacrifício pode expiar o pecado (Lv 17:11).* Portanto; Jesus não sómente tomou os pecados das pessoas como também derramou Seu sangue para uma completa e final expiação (Hb. 9-13-22).

A Imagem de Jesus: Parte 2

68-72.
    Jesus foi reivindicado por Deus como sendo o Messias, quando o ressuscitou# dentre os mortos.

73-75.
    Jesus não somente ressuscitou, como ascendeu aos céus para estar à direita de Deus o Pai. A mão direita de Deus, representa o lugar de autoridade e poder no universo. Jesus tomou o Seu lugar, reinando no meio dos Seus inimigos até que tudo seja submetido ao Seu domínio. (veja Sl. 110:2)*

76.   Deus prometeu um período de restauração no fim desta era. Será centrado na restauração de Israel, e terá o seu clímax na volta do Messias em toda a Sua glória. (Sl. 102:16)*

77-80.
    São mais numerosas as profecias da volta do Messias em glória do que as da Sua primeira vinda em humildade.

Lição n.º 16

Lição n.º 16 UM PROFETA COMO MOISÉS

Introdução

Em Deuteronómio 18:18-19*, Moisés transmitiu a Israel a seguinte promessa de Deus:

"Levantarei do meio dos seus irmãos um profeta semelhante a ti; porei minhas palavras na sua boca, e ele lhes dirá tudo o que eu lhe ordenar.
Se alguém não ouvir as minhas palavras, que o profeta falará em meu nome, eu mesmo lhe pedirei contas."

As palavras de Moisés descrevem claramente três factos:

Primeiro, Moisés, aqui descreve um profeta que Deus promete enviar a Israel num futuro próximo. A linguagem usada por Moisés está no singular: "um Profeta", "Sua boca", "Ele irá falar" Estas palavras não podem descrever os profetas que vieram mais tarde a Israel como um todo. Ele descreveu, um profeta único, especial.

Segundo, o profeta especial iria ter autoridade especial, acima de todos que vieram antes d'Ele. Se alguém em Israel, recusasse ouvir este profeta, Deus traria julgamento# sobre essa pessoa.

Terceiro, este profeta seria parecido com Moisés. De tal maneira, que iria distinguir-se de todos os outos profetas que viriam a Israel.

Em Actos 3:22-26 o apóstolo Pedro citou as palavras de Moisés e aplicou as directamente a Jesus de Nazaré. Uma comparação cuidadosa do Antigo e Novo Testamento mostra mais do que vinte pontos distintos da semelhança entre Moisés e Jesus. As perguntas seguintes são sobre a semelhança entre os dois profetas e estão agrupadas de acordo com três pontos: Infância, Experiências pessoais e Ministério.

Exercício de memorização: Deuteronómio 18:18*

Marque aqui depois de memorizar o versículo. (reveja diariamente os versículos das lições anteriores.)

Um Profeta como Moisés

PREGUNTAS DA LIÇÃO

A. SUA INFÂNCIA

1. Escreve o nome do imperador gentio que reinava sobre Israel, na época em que cada um destes profetas nasceu. (Ex. 1:8-14)* (Lc. 2:1-7)

    (1) _____

    (2) _____

2. Que facto pôs a vida de Moises e Jesus, em perigo pouco depois de nascerem? (Ex 1:15-16)* (Mt. 2:16)

    _____

3. As suas vidas foram salvas pela acção de quem? (Ex. 2:1-5)* (Hb. 11:23) (Mt. 2:13-14)

    _____

    _____

4. Em que povo, se refugiaram durante algum tempo? (Ex. 2:10)* (Mt. 2:14-15)

    _____

5. Que habilidade intelectual mostrava cada um ter? (At. 7:22) (Lc 2:46-47) (Mt. 13:54)

    _____

B. SUAS EXPERIÊNCIAS PESSOAIS

6. Escreve duas características comum aos dois homems. (Nm. 12:3,7)* (Mt. 11:29) (Hb. 3:1-6)

    (1) _____ (2) _____

Lição n.º 16

7. Estes profetas foram sempre aceites por Israel? (Ex. 2:14; 32:1) (Nm. 16:41)* (Jo. 7:52) (Mt. 27:21–22) _____

8. Como seus irmãos e irmãs reagiram a eles em certas alturas? (Nm. 12:1)* (Mc 3:21) (Mt. 13:54–57) (Jo.7:3–5)

_____

9. Perante Deus qual foi a reacção destes profetas, sobre o pecado de Israel? (Ex. 32:31-32)* (Lc. 23:34) _____

10. O que os dois estavam dispostos a fazer para a placar a ira de Deus pelo pecado do povo? (Ex. 32:31–32)* (Lc. 23:34)

_____

11. Num momento crítico das suas vidas, o que estes profetas fizeram? (Ex.34:28)* (Mt.4:2)_____

12. Estes dois profetas tinham alguma relação especial íntima com Deus? (Nm. 12:7–8)*
(Jo 1:18) (Mt. 11:27) _____

13. Para que tipo de lugar, os dois profetas foram, para terem comunhão com Deus? (Ex. 24:12)* (Mt. 17:1, 5)

_____

14. Eles levaram algum discípulo com eles? (Ex. 24:13)* (Mt. 17:1)

_____

15. De que forma física, se exteriorizou esta experiência com Deus? (Ex. 34:29–30)* (Mt. 17:2)

_____

Um Profeta como Moisés

16. De que maneira especial é que Deus falou com eles em pelo menos uma ocasião? (Ex. 19:19–20)* (Jo. 12:28–30)

    _____

17. Que seres sobrenaturais guardavam os sepulcros de cada profeta? (Jd. 9) (Mt. 28:2–7)

    _____

C. SEU MINISTÉRIO

18. Anote dois ministérios, além de profeta, que cada homem exerceu.

    (1) (Dt. 4:1, 5)* (Mt. 5:1–2) (Jo. 3:1–2) _____

    (2) (Sl. 77:20)* (Is. 63:11)* (Jo.10:11,14,17) _____

19. Que verdade especial e importante sobre Deus, revelou cada um ao povo de Deus? (Ex. 3:13–15) (John 17:6)

    _____

20. Que tipo de alimento Deus sobrenaturalmente providenciou ao Seu povo através de cada um destes profetas? (Ex. 16:14–15) (Sl. 78:24) (Jo. 6:32–33, 51)

    _____

21. De que tipo de escravidão é que Moisés libertou Israel? (Ex. 3:10) (Dt.6:21)

    _____

22. Do que tipo de escravidão é que Jesus libertou aqueles que creram n´Ele? (Jo.8:31-36)

    _____

23. Como é que ambos os profetas ajudaram os doentes? (Ex. 15:25–26)* (Nu. 21:6–9)*

    (Mt. 4:23; 8:16–17) _____

Lição n.º 16

24. Houve algum outro profeta, que tivesse operado milagres tão grandes como estes? (Dt. 34:10–12)* (Jo. 5:36; 15:24) (At. 2:22)

_____

25. O que cada um estabeleceu entre Deus e Seu povo? (Ex. 24:7–8)* (Mt. 26:26–28)

_____

26. Que foi selado com o quê? (Hb. 9:11-22)

_____

Exercício de Memorização: Deuteronómio 18:18*
Escreva aqui estes versículos de cor

_____

_____

_____

NÃO VIRE A PÁGINA ANTES DE TER COMPLETADO TODAS AS RESPOSTAS DESTA LIÇÃO

SINAIS DA SEGUNDA VINDA DE CRISTO

Respostas Correctas e Classificações.
Lição N.º 16

Pergunta	Resposta	Classificação

1. (1) Faraó 1
   (2) Cesar Augusto 1
2. Reis maus decretaram a morte de todos as crianças, para ele morrerem 1
3. Pela acção dos seus pais 1
4. O povo do Egipto 1
5. Sabedoria e entendimento fora do comum 1
6. (1) Humildade 1
   (2) Fidelidade a Deus 1
7. Não 1
8. Crítica / rejeição 1
9. Cada um orou a Deus para perdoar o povo 1
10. Cada um estava preparado para tomar sobre si o castigo do povo 1
11. Cada um jejuou por quarenta dias 1
12. Sim 1
13. Um monte alto 1
14. Sim 1
15. Suas faces brilhavam 1
16. Deus falou com voz audível do céu 1
17. Anjos 1
18. (1) Mestre 1
    (2) Pastor 1
19. O nome de Deus 1
20. Pão do céu 1
21. Da escravidão do Faraó no Egipto 1
22. Da escravidão do pecado 1
23. Curando-os 1
24. Não 1
25. Uma aliança 1

Lição n.º 18

26. O sangue de um sacrifício (a crucificação de Jesus) 1

Consulte o cartão de memória para o exercício escrito de memorização.

Se estiver perfeita, 4 pontos para o versículo. 4
(menos um ponto para cada erro num versículo, se tiver mais que três erros, não recebe pontos nesse versículo.

TOTAL 33

17 respostas certas = 50%
23 respostas certas = 70%
26 respostas certas = 80%

Um Profeta como Moisés

APONTAMENTOS SOBRE AS RESPOSTAS CORRECTAS
– LIÇÃO N.º 16

(Os números na margem esquerda correspondem ao numero da pergunta utilizada na pagina das Respostas Correctas)

1-4. Em cada caso, satanás, o grande inimigo de Israel, procurou destruir o redentor de Deus, antes do tempo determinado para cumprir sua missão. Cada um foi preservado pela fé# e coragem de seus pais.

5. Tanto Moisés como Jesus, foram equipados por Deus com dons especiais de sabedoria.

6. Ambos dependiam do poder sobrenatural de Deus, e não da sua própria força natural.

7-8. As atitudes erradas afastam as pessoas de Deus, e as impedem de reconhecer ou honrar o Redentor que Deus lhes enviou.

9-10. Tanto Moisés como Jesus estavam dispostos a suportar o castigo do povo de Deus, mas somente Jesus podia ser aceite por Deus, porque era sem pecado. (Hb. 7:26-27)

12-16. Ambos, Moisés e Jesus, dependiam de uma comunhão pessoal com Deus. Os resultados desta comunhão foram manifestados de várias e únicas formas.

19. O nome de Deus revela a natureza de Deus. Através de Moisés, Deus revelou-Se como eterno# e imutável; através de Jesus mostrou-Se como Pai. (veja Mt. 11:27; Ro. 8:15).

20. O maná providenciado através de Moisés, somente sustentou a vida física temporariamente. Alguns que o comeram, mais tarde morreram debaixo do julgamento# de Deus. (veja Nu.14:22–23, v32 e Nu. 26:63–65.)* Mas através de Jesus, o crente recebe vida eterna#. (veja Jo. 6:47–51).

21-22. Moisés libertou o povo de Israel de uma escravidão física. Jesus, liberta o crente da escravidão espiritual.

Lição n.º 16

25-26
> Israel quebrou a primeira aliança que Deus fez com eles, mas Deus prometeu uma nova aliança que traria o perdão para todos os seus pecados. (Jr. 31:31-34)*. Jesus veio instituir esta nova aliança.

CONCLUSÃO:

Este estudo revela claramente vinte e seis pontos de semelhança entre Moisés e Jesus. Seria impossível encontrar outro profeta que tivesse saído de Israel, sem ser Jesus, que fosse semelhante a Moisés, até com menos pontos do que estes. Por isso, é impossível negar que Jesus foi o profeta que foi anunciado em Deuteronómio 18:18-19* .

Porém, se Jesus é o profeta que Moisés predisse, é da maior importância que reconheçamos este facto, e possamos agir. Deus disse em relação a este profeta: "Se alguém não ouvir as minhas palavras, que o profeta falará em meu nome, eu mesmo lhe pedirei contas" (Dt.18:19)*.

A escolha é entre o julgamento# de Deus e a Sua bênção: Julgamento# se rejeitámos a Jesus, o profeta de Deus: bênção, se reconhecemos a Jesus.

Um Profeta como Moisés

3ª AVAILIAÇÃO DE PROGRESSO

Já completou dezasseis estudos, só falta mais uma secção para completar. Considere o que isto significa!

Os primeiros seis estudos foram centralizados na mensagem da salvação, e que é a base para a sua vida em Cristo continuar.

Na secção que acabou de terminar, fez uma análise detalhada de alguns dos mais profundos e importantes temas da literatura mundial. Inclui o seguinte:

A história e destino de Israel.
As vidas e carácter de três dos homens grandes que já alguma vez passaram pelo palco da história humana: Abraão, Moisés e Jesus.
O tema central de toda a profecia bíblica: a vida e trabalho do Messias-Redentor.

Nesta altura, já pesquisou e encontrou nas Escrituras as respostas a duzentas perguntas específicas.

Já memorizou vinte e três versículos das Escrituras.
Tenha coragem! Somente faltam umas quantas lições para completar o curso.
Nessa altura, irá encontrar-se melhor equipado, para desfrutar dos benefícios de conhecer Deus neste mundo.

Agora, uma palavra sobre o que vem a seguir: as lições 17,18 e 19 vão mostrar lhe o grande clímax da história; a vinda de Jesus. Aqui, vai encontrar os sinais aos quais deve estar atento como o sinal da Sua volta. Depois vai responder às perguntas da Revisão Final. Por último, a Lição 20 irá ligar todas as pontas na sua aplicação pessoal. Continue! Está fazendo muito bem!

3ª Revisão

Terceira Revisão

Antes de partir para as restantes lições, reveja se compreendeu perfeitamente tudo que foi ensinado nos estudos 12 a 16. Quanto melhor tiver percebido o significado dos estudos anteriores, muito melhor estará preparado para iniciar os estudos seguintes.

O método utilizado para a segunda revisão é parecido ao primeiro.

Primeiro, leia cuidadosamente todas as perguntas das últimas cinco lições, juntamente com suas respostas correctas. Certifique-se que entendeu e sabe a resposta correcta para cada pergunta.

Segundo, reveja todas as passagens das Escrituras do Trabalho de Memória que já aprendeu nestas últimas cinco lições.

Terceiro, leia com cuidado as seguintes perguntas e atente na resposta de cada uma delas. Cada pergunta, de uma forma ou outra, está relacionada com tudo o que estudou até aqui.

1. Que lições da história de Israel acha que ainda se aplicam à própria Israel ou a outras nações hoje em dia?
2. Jesus teve poder através da unção do Espírito Santo, para exercer que actos de misericórdia?
3. Escreva dez acontecimentos da vida de Jesus que Ele especificamente cumpriu, de acordo com o Antigo Testamento.
4. Escreva dez pontos importantes, semelhantes entre Moisés e Jesus.

Finalmente, numa folha à parte, escreva as suas respostas às perguntas anteriores.

* * * *

Não existe pontuação para esta revisão. O propósito é ajudá-lo a consolidar tudo que tem descoberto. Quando estiver satisfeito com o que conseguiu, pode virar a página para começar o Estudo n.º 17.

Lição n.º 17 A SEGUNDA VINDA DE CRISTO

INTRODUÇÃO:

Quando Jesus Cristo veio pela primeira vez à terra, há cerca de dois mil anos atrás, os detalhes da Sua vinda, foram preditos nas sagradas escrituras, as profecias, na Bíblia. Sua primeira vinda aconteceu exactamente, como foi descrito nessas profecias.

Quando Jesus deixou a terra para regressar ao céu, Ele garantiu aos Seus discípulos que iria regressar de novo à terra. Para além destas promessas que o próprio Jesus fez, há muitas profecias ao longo de toda a Bíblia que dizem respeito à segunda vinda de Jesus, o Messias. De facto, são ainda mais as profecias na Bíblia sobre Sua segunda vinda do que a Sua primeira vinda.

Uma vez que as profecias sobre a Sua primeira vinda foram cumpridas à letra, é razoável acreditarmos que as profecias sobre a Sua segunda vinda serão cumpridas da mesma forma.

As escrituras desta lição contêm as promessas claras do regresso de Cristo. Também nos falam do que irá acontecer aos cristãos nessa altura, e como é que os cristãos se devem entretanto preparar.

Exercício de memorização: Lc. 21:36

Marque aqui depois de memorizar o versículo. (reveja diariamente os versículos das lições anteriores.)

Preguntas da Lição

A. PROMESSAS DO REGRESSO DE CRISTO

1. Com que objectivo é que Cristo disse que iria deixar os Seus discípulos? (Jo. 14:2)

___

___

Lição n.º 17

2. O que é que Cristo prometeu aos Seus discípulos quando os deixou? (Jo. 14:3)

3. O que é que os anjos prometeram quando Jesus foi elevado ao céu? (At. 1:11)

4. Qual é a "bem-aventurada esperança" que todos os verdadeiros cristãos esperam? (Tt. 2:13)

5. Quais são os 3 sons que serão ouvidos quando Cristo descer do céu? (1 Ts. 4:16)

   (1) _____ (2) _____
   (3) _____

B. O QUE IRÁ ACONTECER AOS CRISTÃOS

6. Será que todos os cristãos já terão morrido (dormido) quando o Messias voltar? (1 Co. 15:51)

7. Nessa altura, o que é que irá acontecer aos cristãos que tiverem morrido? (1 Ts. 4:16)

A Segunda Vinda de Cristo

8. Mencione duas coisas que irão acontecer a todos os cristãos, quer já tenham morrido ou não.

   (1) (1 Co. 15:51) _____

   _____

   _____

   (2) (1Ts. 4:17) _____

   _____

9. Estes Cristãos poderão ser mais alguma vez separados do Senhor? (1Ts. 4:17)

   _____

   _____

10. Quando virmos o Senhor face a face, que mudança irá ocorrer em nós? (1 Jo. 3:2)

    _____

    _____

11. Como consequência dessa mudança, como é que será o corpo do cristão? (Fp. 3:21)

    _____

    _____

12. Quais são as duas palavras utilizadas por Paulo para descrever o corpo do cristão depois da ressurreição? (1 Co. 15:53)

    (1) _____ (2) _____

13. Como é que a Bíblia descreve a festa em que os cristãos se irão regozijar? (Ap.19:9)

    _____

Lição n.º 17

C. COMO É QUE OS CRISTÃOS SE DEVEM PREPARAR

14. O que é que a noiva do Cordeiro fez antes das bodas? (Ap. 19:7)

    _____

15. Que tipo de vestuário é que ela usou? (Ap. 19:8)

    _____

16. O que é que o linho fino representa? (Ap. 19:8)

    _____

    _____

17. Das dez virgens, quais é que entraram para as bodas? (Mt. 25:10)

    _____

    _____

18. Se uma pessoa tem esperança de ver o Senhor quando Ele voltar, como é que ela se deve preparar para essa ocasião? (1 Jo. 3:3)

    _____

    _____

19. A quem é que Cristo irá aparecer na segunda vinda para a salvação#? (Hb. 9:28)

    _____

    _____

20. Que duas coisas é que teremos de seguir, se queremos depois ver o Senhor? (Hb. 12:14)

    (1) _____ (2) _____

A Segunda Vinda de Cristo

21. Mencione três marcas que devem distinguir todos os cristãos quando Jesus voltar. (2 Pe. 3:14)

    (1) _____ (2) _____ (3) _____

22. Que expressão é que Cristo empregou para mostrar quão repentina será a Sua vinda? (Ap. 3:3 e Ap.16:15)

    _____

23. Quem conhece o dia e a hora da vinda de Cristo? (Mc. 13:32)

    _____

24. O que é que Jesus Cristo avisou a todos os cristãos para fazerem mediante a perspectiva da sua vinda? (Mc. 13:35-37)

    _____

25. O que é que Jesus avisou aos cristãos para fazerem para além de vigiarem? (Lc. 21:36)

    _____

26. Quais são as três coisas que Jesus avisou que poderiam impedir os Cristãos de estarem preparados? (Lc. 21:34)

    (1) _____ (2) _____ (3) _____

Exercício de Memorização: Lc. 21:36
Escreva aqui este versículo de cor

_____

_____

_____

_____

Lição n.º 17

NÃO VIRE A PÁGINA ANTES DE TER COMPLETADO TODAS AS RESPOSTAS DESTA LIÇÃO

A Segunda Vinda de Cristo

RESPOSTAS CORRECTAS E CLASSIFICAÇÕES LIÇÃO Nº 17

Pergunta	Resposta	Classificação

1. Para ir e preparar um lugar para eles 1
2. Virei outra vez e vos levarei para Mim mesmo 2
3. Esse Jesus virá do Céu, da mesma forma como o vistes ir 2
4. O glorioso aparecimento do nosso tremendo Deus e Salvador Jesus Cristo 2
5. (1) Um grande brado 1
   (2) A voz do arcanjo 1
   (3) A trombeta de Deus 1
6. Não 1
7. Ressuscitarão (de entre os mortos) 1
8. (1) Todos serão transformados 1
   (2) Serão todos arrebatados juntamente com eles nas nuvens para o encontro do Senhor nos ares 1
9. Não, nunca mais 1
10. Seremos semelhantes a Ele 1
11. Conforme o corpo glorioso (glorificado) de Cristo 1
12. (1) Incorruptível# 1
    (2) Imortalidade# 1
13. As bodas do Cordeiro (Jesus) 1
14. Ela aprontou-se 1
15. Linho fino, resplandecente e puro (branco) 1
16. Os actos de justiça# dos santos 1
17. As que estavam preparadas 1
18. Purifica-se a si mesmo, como também Ele (Jesus) é puro 2
19. Aos que o esperam ansiosamente 1
20. (1) Buscar a paz com todos 1
    (2) Buscar a santificação 1
21. (1) Estavam em paz 1
    (2) Seremos irrepreensíveis 1
    (3) Seremos inculpáveis 1

Lição n.º 17

22. Como um ladrão (relâmpago) 1
23. Ninguém sabe, só Deus o Pai 1
24. Para vigiarem 1
25. Orarem em todo o tempo 1
26. (1) Libertinagem 1
    (2) Bebedeira 1
    (3) Ansiedades da vida 1

Consulte o cartão de memória para o exercício escrito de memorização.
Se estiver perfeita, 4 pontos para o versículo. 4
(menos um ponto para cada erro num versículo, se tiver mais que três erros, não recebe pontos nesse versículo.

TOTAL 43

22 respostas certas = 50%
30 respostas certas = 70%
34 respostas certas = 80%

A Segunda Vinda de Cristo

APONTAMENTOS SOBRE AS RESPOSTAS CORRECTAS – LIÇÃO N.º 17

(Os números na margem esquerda correspondem ao numero da pergunta utilizada na pagina das Respostas Correctas)

1-5 "Pela boca de duas ou três testemunhas toda a palavra seja confirmada" (Mt. 18:16, etc.). Em relação ao regresso de Cristo temos as três testemunhas: (1) o próprio Cristo (Jo. 14:3); (2) os anjos (At. 1:11); (3) o apóstolo Paulo (1 Ts. 4:16). Repare na ênfase que é dada ao regresso de Cristo em pessoa: "este mesmo Jesus" (At.1:11), "O próprio Senhor" (1Ts. 4:16) Esta bendita esperança (Tt. 2:13) é o alvo supremo de toda a vida cristã.

5. (1) O grande brado será dado pelo próprio Senhor, pois só a Sua voz tem poder para ressuscitar os mortos (Ver Jo. 5:28-29). (2) O arcanjo, provavelmente será Gabriel, cuja tarefa especial é anunciar intervenções de Deus que estão prestes a acontecer nos assuntos dos homens (Ver Lc. 1:19, 26). (3) A trombeta é usada para reunir o povo de Deus (Nm.10:2-3)*.

6. "Dormir" significa morrer (Compare At. 7:60 e 1 Co. 11:30). Esta palavra é particularmente usada em referência à morte de Cristãos, pois eles esperam acordar de novo no dia da ressurreição#.

6-8. É indicada a seguinte ordem de acontecimentos: (1) Os Cristãos que já morreram serão ressuscitados com corpos novos e glorificados#. (2) Os Cristãos que estiverem vivos verão os seus corpos serem instantaneamente mudados para corpos glorificados# semelhantes. (3) Todos os cristãos serão arrebatados nas nuvens para encontrarem o Senhor enquanto ele desce do céu.

10-12. O corpo glorificado# do cristão será como o corpo glorificado# do Senhor. (Para um estudo mais aprofundado sobre este assunto, consulte o meu livro, Manual do Crente Cheio do Espirito Santo, Parte VI, Ressureição dos Mortes.)

13. Compare com Mt. 8:11 e Mt. 26:29.

14-21, 24-25.
A Bíblia ensina claramente que, para que possam estar prontos para o regresso de Cristo, os Cristãos terão de se preparar diligentemente. Em Ap. 19:8 a

Lição n.º 17

tradução literal de "linho fino" são "os actos justos dos santos." Esta é a justiça# de Cristo, recebida pela fé, que funciona na vida do dia-a-dia dos cristãos. (Compare com Fp. 2:12-13: "Efectuai...pois é Deus que opera em vós").
A Palavra de Deus a este respeito guia os cristãos para os preparar com actos de justiça#:
1. Pureza (imaculado) (1 Jo. 3:3; 2 Pe. 3:14)
2. Santidade (Hb. 12:14)
3. Paz (relacionamentos certos com todos os homens) (Hb. 12:14; 2 Pe. 3:14)
4. Inculpabilidade (fidelidade em todos os deveres Cristãos) (2 Pe. 3:14)
5. Esperança (aguardando Jesus com expectativa) (Hb. 9:28)
6. Vigiar (Mc. 13:37)
7. Vida de oração (Lc. 21:36).

22. Cristo é descrito como um ladrão, quando voltar, mas Ele irá levar apenas aquilo que Lhe pertence: "os que são de Cristo na Sua vinda" (1 Co. 15:23).

23. Quando o momento chegar, o Pai dirá ao Filho, e a seguir os céus entrarão em acção.

30. (1) Antes que Jesus falasse sobre a bebedeira, ele avisou muitas vezes a quem comia e bebia de mais. (3) Compare com Lc. 17:27-28. As coisas mencionadas aqui não são pecaminosas em si mesmas. O pecado consiste em ficar absorvido nelas.

Lição n.º 18 SINAIS DA SEGUNDA VINDA DE CRISTO

INTRODUÇÃO:

A Bíblia fala-nos de várias coisas especiais que irão acontecer no mundo mesmo antes da segunda vinda de Cristo. Serão sinais para nos avisar de que a Sua vinda está para breve.

Nesta lição são mencionados alguns dos sinais mais importantes, que estão divididos em dois grupos:

A. Sinais no Mundo Religioso

B. Sinais no Mundo Inteiro

Abaixo de cada grupo de sinais encontram-se as referências às passagens da Escritura onde esses sinais são mencionados. Nesta lição terá de fazer o seguinte:

(1) Ler os sinais do grupo A
(2) Ler as passagens Bíblicas cujas referências se encontram depois do Grupo A.
(3) Na linha por baixo de cada sinal, escreva a referência à passagem da Escritura que se refere a esse sinal.
(4) Proceda da mesma forma para o Grupo B.
(5) No fim de cada sinal encontrará um quadrado. Quando tiver terminado a lição, leia os sinais outra vez, e coloque uma cruz nos quadrados cujo sinal correspondente você acha que está a ser cumprido nos dias de hoje.

(NOTA: Existe somente uma referência Bíblica correcta para cada sinal. No entanto, no Grupo B, Mt. 24:7 aplica-se a três sinais diferentes. Escreva Mt. 24:7 depois do sinal a que se aplica).

EXERCÍCIO DE MEMORIZAÇÃO: Lc. 21:28

Marque aqui depois de memorizar o versículo. (reveja diariamente os versículos das lições anteriores.)

Lição n.º 18

Preguntas da Lição

A. SINAIS NO MUNDO RELIGIOSO

1. Derramamento do Espírito Santo em todo o mundo

   _____

2. Evangelismo e actividade missionária por todo o mundo

   _____

3. Cristãos afligidos e torturados, mortos e odiados em todas as nações

   _____

4. Muitos falsos profetas

   _____

5. Um grande desvio da fé# cristã

   _____

6. Muitos cristãos enganados pelo diabo, cedendo a espíritos enganosos

   _____

7. O amor de muitos Cristãos a esfriar

   _____

B. SINAIS NO MUNDO INTEIRO

8. Grandes guerras internacionais; nação contra nação

   _____

SINAIS DA SEGUNDA VINDA DE CRISTO

9. Aumento de viagens e do conhecimento

10. Crescimento do Sionismo# e reconstrução de Israel

11. Jerusalém libertada do domínio dos gentios#

12. Muitos escarnecedores negando a Palavra de Deus e a promessa do regresso de Cristo

13. Pessoas absorvidas em prazeres e objectivos materiais, esquecendo-se dos julgamentos de Deus que estão para breve

14. Grande declínio dos padrões de moral e ética, juntamente com o declínio de mostrar externamente a religião

15. Iniquidade em abundância

16. Fomes e pestes

17. Terramotos em muitos lugares

Lição n.º 18

18. Angústia e perplexidade (confusão) das nações

_____

19. Muitos anticristos

_____

Exercício de memorização: Lc 21:28

_____

_____

_____

Marque aqui depois de memorizar o versículo. (reveja diariamente os versículos das lições anteriores.)

NÃO VIRE A PÁGINA ANTES DE TER COMPLETADO TODAS AS RESPOSTAS DESTA LIÇÃO

SINAIS DA SEGUNDA VINDA DE CRISTO

RESPOSTAS CORRECTAS E CLASSIFICAÇÕES DA LIÇÃO Nº 18

Pergunta	Resposta	Classificação
1.	At. 2:17	1
2.	Mt. 24:14	1
3.	Mt. 24:9	1
4.	Mt. 24:11	1
5.	2 Ts. 2:3	1
6.	1 Tm. 4:1	1
7.	Mt. 24:12	1
8.	Mt. 24:7	1
9.	Dn. 12:4	1
10.	Sl. 102:16	1
11.	Lc. 21:24	1
12.	2 Pe. 3:2-7	1
13.	Lc. 17:26-30	1
14.	2 Tm. 3:1-5	1
15.	Mt. 24:12	1
16.	Mt. 24:7	1
17.	Mt. 24:7	1
18.	Lc. 21:25	1
19.	1 Jo. 2:18	1

Consulte o cartão de memória para o exercício escrito de memorização.
Se estiver perfeita, 4 pontos para o versículo. 4
(menos um ponto para cada erro num versículo, se tiver mais que três erros, não recebe pontos nesse versículo.

TOTAL 23

12 respostas certas = 50%   16 respostas certas = 70%   18 respostas certas = 80%

Três Importantes Questões Finais
São dezanove sinais diferentes mencionados nesta lição sobre a vinda de Cristo.

1. Em quantos sinais é que você colocou uma cruz?
2. Isso dá-lhe alguma indicação de que Cristo poderá voltar em breve?
3. Se sim, você está pronto?

Lição n.º 18

SINAIS DA SEGUNDA VINDA DE CRISTO

APONTAMENTOS SOBRE AS RESPOSTAS CORRECTAS – LIÇÃO N.º 18

(Os números na margem esquerda correspondem ao numero da pergunta utilizada na pagina das Respostas Correctas)

1. A expressão, "toda a carne" significa toda a raça humana, e é frequentemente empregue com este significado pelos Profetas. (Is. 40:5- 6)* (Jr. 25:31)* (Ez. 21:4- 5)*. Toda a raça humana irá sentir o impacto deste último grande derramamento do Espírito de Deus.

2. Levar o Evangelho às outras pessoas e nações é o resultado natural do derramamento do Espírito de Deus. Repare no comentário especial depois deste sinal: "E então virá o fim" (Mt.24:14).

3. Estima-se que houve mais mártires cristãos no século vinte do que em qualquer século anterior. Por exemplo, muitos países comunistas perseguem cristãos como forma de política do estado.

4-6. Estes três sinais indicam um tremendo aumento, de pressões satânicas e enganos destinados a seduzir os Cristãos a afastarem-se da sua lealdade a Cristo. A Bíblia indica que no fim existirão apenas dois grupos de cristãos: um é descrito como a "noiva", e o outro como a "prostituta". A noiva é identificada pela sua fidelidade ao Noivo (Cristo). A prostituta é identificada pela sua infidelidade a Cristo. (veja Ap. Capítulos 17 e 18).

7. Este sinal corresponde à imagem da igreja em Laodiceia. O pecado pelo qual são condenados estes cristãos é a "mornidão" (Ap. 3:14-22). Este declínio no amor dos Cristãos será devido em sua maior parte a um ou mais dos seguintes factores: (1) cristãos serão perseguidos em amargura; (2) engano satânico; (3) predominância do materialismo e amor ao dinheiro.

8. O século passado tem assistido a maiores e mais numerosas guerras do que qualquer século precedente, especialmente as duas guerras mundiais.

9. Repare como estes dois factores estão logicamente relacionados. O aumento do conhecimento (ciência) possibilitou o aumento de viajar. Da mesma forma, o aumento das viagens contribui para o aumento do conhecimento.

Lição n.º 19

10-11.
O crescimento do Sionismo#, o renascimento do estado de Israel, e a Guerra dos Seis diasde 1967 encontram-se entre maiores milagres da história moderna. Alguém disse: "Os Judeus são o ponteiro dos minutos do relógio profético de Deus, e esse ponteiro está quase na meia-noite."

12. O século passado foi testemunha de ataques sistemáticos contra a Bíblia como em nenhum outro século. Paradoxalmente, estes ataques contra a Bíblia são na verdade confirmações da sua precisão, uma vez que a Bíblia prevê claramente esses actos.

13-15, 18.
Estes sinais são atestados diariamente pelos jornais do mundo moderno. (Compare Lc. 17:26 com Gn. 6:5,12-13*). As Três características principais do mal nos dias de Noé eram: (1) maus pensamentos e desejos; (2) corrupção e perversão sexual; (3) violência.

16. Fomes e pestes tendem a andar naturalmente a par e passo, e ambas são frequentemente causadas pela guerra.

17. Registos do século passado indicam um aumento acentuado dos tremores de terra.

19. A obra do "espírito do anticristo" (1 Jo.4:3) apresenta duas facetas: primeiro, destronar Jesus da Sua posição de autoridade e supremacia que Lhe foi dada por Deus; segundo, levantar outro para ocupar o lugar de Cristo. Neste sentido, os principais idealismos políticos desta geração e das gerações passadas, Islão, Fascismo e Comunismo – foram todos anticristãos (Tal como muitas outras forças políticas e religiosas que operam no mundo nos nossos dias). No entanto, o mundo ainda aguarda pelo derradeiro Anticristo, tal como ele é descrito em 2 Ts. 2:3-12.

Lição n.º 19 O REINO DE DEUS ESTABELECIDO NA TERRA

INTRODUÇÃO:

O reino de Cristo na terra será inaugurado pelo Seu julgamento# sobre todos os que tenham rejeitado a misericórdia de Deus e se opuseram qos propósitos de Deus no período anterior. Por outro lado, todos os crentes já foram ressurrectos# ou de forma sobrenatural transformados na Sua vinda. Aos crentes, serão dadas várias posições de autoridade no Seu reino. Com Jerusalém como Sua capital, Jesus reinará sobre todas as nações por mil anos, trazendo justiça, paz, prosperidade e conhecimento de Deus a toda a terra. Finalmente, Ele entregará a Si mesmo o Seu reino em submissão a Deus Pai.

Exercício de memorização: 2 Tm. 2:11-12

Marque aqui depois de memorizar o versículo. (reveja diariamente os versículos das lições anteriores.)

Perguntas da Lição

A. JULGAMENTOS# QUE INAUGURAM O REINO DO MESSIAS

1. A vinda de Jesus do céu está descrito em 2 Ts.16-10.

   _____

   (1) Como Ele vai lidar com os perversos e desobedientes? (v.6)

   _____

   (2) Qual vai ser o seu castigo? (v.9)

   _____

Lição n.º 19

2. O que acontecerá à Besta (Anticristo) e ao Falso Profeta? (Ap. 19:20)

   _____

3. Como Jesus regerá as nações na terra? (Ap. 19:11-15) (Sl. 2:7-9)*

   _____

4. Quando Jesus estabelecer Seu trono na terra, quem estará diante d´Ele para ser julgado? (Mt. 25:31-32) (Jl.3:1-2)* _____

   _____

5. Estas nações, vão ser julgadas de acordo com a maneira como trataram uma certa classe de pessoas. Como é que Jesus descreve essa classe?

   (1) (Mt. 25:40)_____

   (2) (Jl.3:2)* _____

6. Qual será a dupla recompensa das nações que fizeram o que Jesus exigiu?

   (1) (Mt. 25:34) _____

   (2) (Mt. 25:46) _____

7. Qual será o castigo para as nações que não fizeram o que Jesus exigiu? (Mt. 25:41,46) _____

B. A POSIÇÃO DOS CRENTES RESSURECTOS#

8. Se aguentarmos o sofrimento por Jesus, quais as duas recompensas que esperamos?

   (1) (Ro. 8:17)_____

   (2) (2 Tm. 2:12) _____

9. Qual foi a promessa que Jesus deu aos seus apóstolos que O seguiram fielmente? (Mt. 19:27-28)

   _____

10. A que tipo de crente Jesus dará autoridade para reger as nações com Ele? (Ap. 2:26-27)

___

11 Que dupla recompensa receberão os crentes decapitados pelo anticristo por testemunharem de Jesus Cristo. (Ap. 20:4-5)

(1) ___

(2) ___

12. Jesus contou a parábola dos servos que administravam o dinheiro do seu mestre. (veja Lc. 19:12-27). Qual foi a recompensa do:

(1) Do servo que conseguiu dez vezes mais? (Lc. 19:16-17)

___

(2) Do servo que conseguiu cinco vezes mais? (Lc. 19:18-19)

___

13. Mencione duas áreas onde cada crente ressurecto reinará como juiz na próxima era?

(1) (1 Co. 6:2) ___

(2) (1 Co. 6:3) ___

C. UMA PREVISÃO PROFÉTICA DO REINO DO MESSIAS

14. Como será o ceptro com que Cristo regerá? (Sl. 45:6)* (Hb 1:8)

___

15. Por que Deus ungido a Jesus acima de todos os outros? (Sl. 45:7)* (Hb 1:9)

___

16. Em que lugar é que o Senhor escolheu reinar para sempre? (Sl.132:13-14)*

___

Lição n.º 19

17. Quais são os nomes dados aos lugares onde o Senhor vai reinar como Rei? (Is. 24:23)*

   (1) (Sl.48:1-2)* _____

   (2) (Mt. 5:34-35) _____

18. Nos últimos dias que monte será elevado acima de todos os montes? (Is. 2:2)* (Mq 4:1)* _____
   _____

19. Quem correrá para este monte? (Is. 2:2)* (Mq 4:2)*
   _____

20. O que é que Deus ensinará a estas nações? (Is. 2:3)* (Mq. 4:2)*
   _____
   _____

21. Duas coisas saíram de Sião e Jerusalém. Quais? (Is. 2:3)* (Mq 4:2)*
   _____

22. Quando o Messias julgar as nações, quais são as duas coisas que já não irão fazer mais? (Is. 2:4) (Mq. 4:3)

   (1) _____
   (2) _____

23. Para que festa especial as nações subirão a Jerusalém em cada ano? (Zc. 14:16)*
   _____

24. O Salmo 72* demonstra varias características do reino do Filho de Davi, o Messias, como por exemplo:

   (1) Como julgará os oprimidos? (v. 2,4) _____

O Reino de Deus Estabelecido na Terra

(2) Que três tipos de pessoas libertará# o Messias? (v.12-13)

(a) _____ (b) _____

(c) _____

(3) Que tipo de pessoas irá florescer durante o reino do Messias? (v. 7)

_____

(4) O que é que irá haver em abundancia? (v. 7) _____

(5) As naçãos farão duas coisas ao Messias, quais são?

(a) (v.11) _____

(b) (v.17) _____

25. Por três resultados permanecerão no reinado justo# do Messias? (Is. 32:17)*

(1) _____ (2) _____

(3) _____

26. Por quanto tempo este período do reinado de Cristo durará? (Ap. 20:4-5)

_____

27. O que Cristo fará no fim deste período? (1 Co. 15:24,28)

_____

28. Qual o propósito final de Deus em tudo isto? (1 Co. 15:28)

_____

Exercício de Memorização: 2 Tm. 2:11-12
Escreva aqui estes versículos de cor

_____

_____

Lição n.º 19

_____

_____

NÃO VIRE A PÁGINA ANTES DE TER COMPLETADO TODAS AS RESPOSTAS DESTA LIÇÃO

O Reino de Deus Estabelecido na Terra

RESPOSTAS CORRECTAS E CLASSIFICAÇÕES
LIÇÃO N.º 19

Pergunta	Resposta	Classificação

1. (1) Punir com tribulação 2
   (2) Eles sofrerão a pena de destruição eterna, a separação da presença do Senhor e da majestade do Seu poder 2
2. Os dois serão lançados vivos no lago de fogo que arde com enxofre 1
3. Ele as governará com cetro de ferro 1
4. todas as nações 1
5. (1) Irmãos 1
   (2) Meu povo, Minha herança 2
6. (1) Herdarão o Reino 1
   (2) Vida eterna 1
7. Vão para fogo eterno, o castigo eterno 2
8. (1) Seremos glorificados# com Ele 1
   (2) Reinaremos com Ele 1
9. Assentarão em doze tronos, para julgar as doze tribos de Israel 2
10. Àquele que vencer e fizer a minha vontade até o fim 2
11. (1) Reinarão com Cristo por mil anos 1
    (2) Participarão na primeira ressurreição# 1
12. (1) Autoridade sobre dez cidades 1
    (2) Autoridade sobre cinco cidades 1
13. (1) O mundo 1
    (2) Os anjos 1
14. Ceptro de equidade 1
15. Amas a justiça# e odeias a iniquidade 2
16. Sião 1
17. (1) Monte Sião 1
    (2) Jerusalém 1
18. o monte do templo do Senhor 1
19. Todas as nações, povos 1

Lição n.º 19

20. Seus caminhos 1
21. (1) A Lei 1
    (2) A Palavra do Senhor 1
22. (1) Nenhuma nação erguerá a espada contra outra 1
    (2) não aprenderão mais a guerra. 1
23. Festa das Cabanas, dos tabernáculos 1
24. (1) Com rectidão e justiça 1
    (2) (a) os pobres 1
    (b) oprimidos 1
    (c) fracos 1
    (3) Os justos# 1
    (4) Paz 1
    (5) (a) Servir-lo-ão 1
    (b) Chamarlo-ão 1
25. (1) Paz 1
    (2) Tranquilidade 1
    (3) Confiança 1
26. Mil anos 1
27. Entregará o Reino a Deus a o Paisujeitá-lo à. 2
28. Que Deus seja tudo em todos 1

Consulte o cartão de memória para o exercício escrito de memorização.
Se estiver perfeita, 4 pontos por cada versículo 8
(menos um ponto para cada erro num versículo, se tiver mais que três erros, não recebe pontos nesse versículo.

TOTAL 62

31 respostas certas = 50%
43 respostas certas = 70%
50 respostas certas = 80%

O Reino de Deus Estabelecido na Terra

APONTAMENTOS SOBRE AS RESPOSTAS CORRECTAS
— LIÇÃO N.º 19

(Os números na margem esquerda correspondem ao número da pergunta utilizada na pagina das Respostas Correctas)

1. 2 Ts. 1:6-10 Descreve a glória e o poder da vinda de Jesus Cristo. Todos os Seus inimigos serão banidos eternamente#, mas Sua glória será vista nos anjos que O acompanham e nos crentes que irão ao Seu encontro nas nuvens. (Compare 1 Ts. 4:16-17)

2. Ap. 13 revela que, com a chegada do fim desta era, a maldade da humanidade vai culminar numa pessoa supremamente perversa, poderosa e um líder descrito como a "besta" (Ap. 13:11). Também é chamado de "homem de pecado", (2 Ts. 2:3). "o filho da perdição" (v.3), e "anticristo" (1 Jo. 2:18). Será apoiado por um líder religioso chamado "o falso profeta" (Ap. 16:13). Juntos, procurarão destruir os seguidores de Cristo. (Compare Dn.8:23-25.)*

3. Ap. 19:11-15 descreve a vinda de Jesus como Rei e Juíz, com poder supremo e autoridade para lidar com toda a perversidade.

4-7. O Julgamento# das nações aqui descrito vai determinar q que nações será permitido entrar no reino do Senhor, e quais serão excluídas. O julgamento# será baseado na forma como trataram os irmãos de Jesus, o povo Judaico. Jesus considera a forma como os Judeus são tratados - bem ou mal – como se fosse a Ele.

8-13. Quando Jesus voltar e fundar o Seu reino, todos os crentes que O tenham servido fielmente nesta vida serão exaltados para posições de honra e autoridade. Compartilhar o governo do Universo com Jesus. (Compare Ap. 3:21). O grau de honra e autoridade dado aos crentes, será o correspondente a sua fidelidade em servir Jesus nesta era.

14-15. O distinto carácter de Cristo vai ser reflectido no Seu reino de justiça#. Não pode haver paz verdadeira ou duradora sem justiça#. (Compare Ro. 14:17).

16-17. O reino do Senhor terá a sua capital terrena em Jerusalém ou Sião. Esta é uma razão importante para orarmos pela paz de Jerusalém. (Veja Sl. 122:6)*. O restante da terra não vai ter ou conhecer a verdadeira paz até que Jerusalém seja estabelecida em paz.

18. De momento, o Monte Sião é mais baixa do que as montanhas ao seu redor, mas na vinda do Senhor, alterações geológicas tremendas vão elevar o Monte Sião além das montanhas ao seu redor. (Compare Zc. 14:3-11).*

19-23. Nessa altura Jerusalém será o centro do governo, de adoração e instrução nos caminhos de Deu mundialmente, e trará o desarmamento e paz duradoura.

24-25.
Em seguida, focamos as principais características do reino de Cristo: justiça# (especialmente para os desfavorecidos); paz; prosperidade; conhecimento universal de Cristo como soberano governador escolhido por Deus. A fundação do Seu reino é a única solução ideal para os problemas de enfermidades, fome, injustiça e guerra.

26. O tempo exacto da duração do reino de Cristo é mencionado seis vezes em Ap. 20: 2-7.

27-28. Entregar o reino a Deus Pai, cumpre o estabelecido no céu de Ro. 11:36. Tudo tem o seu início em Deus Pai e tudo é cumprido n'Ele. Porém, o Pai tem uma relação com o universo através do Seu Filho, O Messias.

Revisão e Aplicação Pessoal

Avaliação Final de Progresso

Sua fé e perseverança foram recompensadas! Você completou as dezanove principais lições. O único que falta é um exercício de aplicação pessoal.

Chegou a hora de fazer uma pausa e pensar em tudo que já realizou.

Viu como a Palavra de Deus ao trabalhar conjuntamente com o Seu Espirito Santo, o equipará com tudo o que precisa, para realizar o Seu serviço, com uma vida cheia de fruto e de vitória.

Na Lição 4, aprendeu sobre a importância e o significado do baptismo nas águas. Depois nas Lições 10 e 11 aprendeu sobre a responsabilidade de tomar o seu lugar entre as honradas testemunhas de Deus ao longo dos séculos; e também sobre a provisão abundante que Deus tem feito ao cuidar das suas necessidades materiais.

Aprendeu que, a expiação do Messias, providenciou o remédio divino para dois problemas básicos da raça humana: pecado e doença. Aprendeu como aplicar o remédio na sua própria vida e na vida dos outros.

Acompanhou o plano mestre da história desde o seu modesto início começando em Abraão, passando pelos profetas e homens do estado de Israel até à manifestação do prometido Messias e Redentor.

Finalmente, você tem uma breve mas excitante previsão sobre o evento que vai fechar o fim desta era: a vinda pessoal de Jesus em poder e glória para estabelecer o Seu reino na terra.

Ao fazer isto, pesquisou na Bíblia, as respostas para mais de 650 perguntas específicas. Também se comprometeu em memorizar vinte e sete versículos chave das Escrituras.

O desafio da Lição n.º 20 está a sua espera. Mas antes de continuar, certifique-se que trabalha cuidadosamente na Revisão Final da próxima pagina.
Revisão Final

Lição n.º 20

Antes de continuar com o estudo da lição n.º20, é importante para si, ter a certeza que entendeu completamente o conteúdo das Lições 17 a 19. Isto vai ajudá-lo a preparar-se para a lição final de aplicação pessoal.

O método utilizado na revisão final é similar ao das primeiras duas.

Primeiro, leia cuidadosamente todas as versículos das últimas três lições, juntamente com suas respostas. Verifique que entende e sabe a resposta correcta para cada pergunta.

Segundo, reveja todos os versículos das Escrituras do Trabalho de Memória que já aprendeu nas três lições.

Terceiro, Leia com cuidado as seguintes perguntas e considere como responderia a cada uma delas. Cada pergunta, esta relacionado de alguma forma, com o material que tem estado a estudar.

1. Quais são as coisas principais que deve fazer para estar preparado para a volta de Cristo?
2. Aponte dez sinais que mostram que a volta de Cristo ao mundo está próxima.
3. A que se refere a frase sobre a noiva "linho fino, brilhante e puro"? (Ap.19:8)? A sua vestimenta está pronta?
4. De que formas vai ser transformado na ressurreição?

Finalmente, escreva numa folha à parte, as suas respostas às perguntas anteriores.

* * * *

Não existe pontuação para esta revisão. O propósito é ajudá-lo a consolidar tudo o que tem descoberto. Quando se sentir satisfeito com o que realizou, pode virar a página para começar o Estudo n.º 20: Aplicação Pessoal.

Lição n.º 20 REVISÃO E APLICAÇÃO PESSOAL

INTRODUÇÃO:

O objectivo desta última lição é consolidar bem na sua mente as muitas verdades importantes que aprendeu nas lições anteriores.

A revisão é uma parte essencial para todo aprendizado permanecer. Ao fazer esta lição passo a passo, irá aumentar grandemente o benefício e a bênção que recebeu deste curso. Não se esqueça da revisão dos exercícios de memorização!

EXERCÍCIO DE MEMORIZAÇÃO FINAL: Tg 1:25

Marque aqui depois de memorizar o versículo. (reveja diariamente os versículos das lições anteriores.)

Primeiro, leia cuidadosamente todas as perguntas das 19 lições anteriores, juntamente com as respostas certas correspondentes. Certifique-se de que neste momento sabe e compreende a resposta certa de cada pergunta.

Segundo, reveja todos os versículos Bíblicos que aprendeu para os Exercícios de Memorização.

Terceiro, escreva as respostas às Secções A e B que se encontram em baixo.

PREGUNTAS DA LIÇÃO

SECÇÃO A:

Nos espaços em branco, escreva quatro verdades importantes da Bíblia que aprendeu neste curso. Em cada resposta, faça referências aos versículos na Bíblia onde essa verdade, se encontra.

Primeira verdade _____

_____

_____

_____

_____

Lição n.º 20

Referências Bíblicas: _____
_____

Segunda verdade _____
_____
_____
_____
_____
_____

Referências Bíblicas: _____
_____
_____

Terceira verdade: _____
_____
_____
_____
_____
_____

Referências Bíblicas: _____
_____
_____

Quarta verdade : _____
_____
_____

Revisão e Aplicação Pessoal

_____
_____
_____

Referências Bíblicas: _____
_____

SECÇÃO B:

No espaço em branco, descreva em poucas palavras, qualquer alteração importante que tenha ocorrido na sua vida, por causa deste estudo da Bíblia.

_____
_____
_____
_____
_____
_____
_____

NOTA: NÃO SERÃO ATRIBUÍDAS CLASSIFICAÇÕES PARA AS SECÇÕES A E B.

Último Exercício de Memorização: Tg. 1:25
Escreva aqui estes versículos de cor

_____

Lição n.º 20

_____

_____

NÃO VIRE A PÁGINA ANTES DE TER COMPLETADO TODAS AS RESPOSTAS DESTA LIÇÃO

Consulte o cartão de memória para o exercício escrito de memorização.
Se estiver perfeita, 4 pontos para o versículo. 4
(menos um ponto para cada erro num versículo, se tiver mais que três erros, não recebe pontos nesse versículo.

TOTAL 4

Curso Bíblico Autodidacta

CLASSIFICAÇÃO DO CURSO

Como avaliar os seus resultados:

Escreva a classificação que obteve em cada lição nos espaços em branco na coluna da direita. Some as classificações, e compare o seu total com padrões estabelecidos para Suficiente, Bom e Muito Bom.

Lição n.º ....149 _____

Lição n.º 2 ....54 _____

Lição n.º 3 ....38 _____

Lição n.º 4 ....36 _____

Lição n.º 5 ....38 _____

Lição n.º 6 ....59 _____

Lição n.º 7 ....49 _____

Lição n.º 8 ....40 _____

Lição n.º 9 ....44 _____

Lição n.º 10 ....44 _____

Lição n.º 11 ....47 _____

Lição n.º 12 ....54 _____

Lição n.º 13 ....48 _____

Lição n.º 14 ....51 _____

Lição n.º 15 ....61 _____

Lição n.º 16 ....33 _____

Lição n.º 17 ....43 _____

Lição n.º 18 ....23 _____

Lição n.º 19 ....62 _____

Lição n.º 20 ....4 _____

TOTAL ....877 _____

Classificação do Curso

Suficiente = 50% ou mais (439)
Bom = 70% ou mais (614)
Muito Bom = 80% ou mais (702)

* * * * * * * * * * *

Parabéns por ter completado o curso!

Agora, você vai querer explorar as verdades da Bíblia através de um estudo sistemático.

Depois das páginas do glossário, encontrará uma lista de outros materiais úteis no ensino da Bíblia, que o ajudarão a ter uma compreensão mais profunda do plano de Deus e Sua provisão para si como Cristão.

* * * * * * * * * * *

Glossário

adâmica	vindo de Adão, o primeiro homem criado
arrepender, mudança de direcção,	arrependimento mudança de mente e coração acompanhada por alteração de comportamento
ascensão especialmente Jesus subindo	em direcção para cima, da terra para o céu
blasfémia calúnia,	palavras abusivas
confessar, confessado, confissão	falar abertamente em publico
eterna, eternidade	tempo que dura para sempre
Fé	convicção, confiança, crer ou certeza
Gentios pessoas que não são	nações pagãs, especialmente judaicas
glorificado quando	Para tornar a ter o aspecto de Deus chegarmos ao céu.
glorificar, glorificando	Dar a Deus o devido louvor e respeito
Imortalidade não sujeito à morte	o estado de viver para sempre,
incorruptível, incorrupto ou estragado	não sendo possível ser destruído
Julgamento determine a culpa	tomar uma decisão que
Justificação	estar livre de acusação e declarado justo
Justo, justificado Graça de Deus	A forma de se tornar certo pela
Libertar, libertação	Da angustia, miséria ou mal
Louvado	Descreve algo a ser elogiado
Mártires	aqueles que morreram por sua fé
meditar, meditação	pensar frequentemente ou profundamente sobre algo
Opressão, oprimido	tratar pessoas com crueldade. Não ter a mesma liberdade ou benefícios que

profecia, professar, profetizando	outros têm falar abertamente. Falar uma palavra trazida directamente de Deus, frequentemente sobre o futuro
recompensa	algo recebido como prémio, compensação
redenção	ser posto em liberdade porque alguém pagou o resgate, ser liberto da maldade e condenação
remissão do pecado	cancelamento de todo o julgamento ou obrigações
ressurreição, ressurecto da morte	a restauração da vida, ressuscitar
salvação	resgatar, libertar. Na Escritura isto inclui perdão, cura, prosperidade, libertação, segurança, salvamento, liberdade e restauração
santificar, santificação, santificação	Separado, dedicado, consagrado, fazer ou tornar santo
Sionismo	movimento focado em apoiar o bem estar de Israel
Testemunho, prova	evidência ou algo que alguém tem como experiência pessoal, que confirma que o que acredita é verdade
Transgressores, transgressor	incumprimento da lei moral ou regra sobre comportamento

Apêndice dos Versículos do Antigo Testamento

Versículos do Antigo Testamento
Lição n.º 1

Salmos 119:89 A tua palavra, Senhor, para sempre está firmada nos céus.

Salmos 119:160 A verdade é a essência da tua palavra, e todas as tuas justas ordenanças são eternas.

Jó 23:12 Não me afastei dos mandamentos dos seus lábios; dei mais valor às palavras de sua boca, do que ao meu pão de cada dia.

Jeremias 15:16 Quando as tuas palavras foram encontradas eu as comi; elas são a minha alegria e o meu júbilo, pois pertenço a ti, Senhor Deus dos Exércitos.

Salmos 119:9 Como pode o jovem manter pura a sua conduta? Vivendo de acordo com a tua palavra.

Salmos 119:11 Guardei no coração a tua palavra para não pecar contra ti.

Salmos 119:105 A tua palavra é lâmpada que ilumina os meus passos e luz que clareia o meu caminho.

Salmos 119:130 A explicação das tuas palavras ilumina e dá discernimento aos inexperientes.

Provérbios 4:20-22
20 Meu filho, escute o que lhe digo; preste atenção às minhas palavras.
21 Nunca as perca de vista; guarde-as no fundo do coração,
22 pois são vida para quem as encontra e saúde para todo o seu ser.

Salmos 107:20 Ele enviou a sua palavra e os curou, e os livrou da morte.

Versículos do Antigo Testamento
Lição n.º 2 - Parte 1

Jeremias 17:9 O coração é mais enganoso que qualquer outra coisa e sua doença é incurável. Quem é capaz de compreendê-lo?

Jeremias 17:10 "Eu sou o Senhor que sonda o coração e examina a mente, para recompensar a cada um de acordo com a sua conduta, de acordo com as suas obras."

Isaías 59:2 Mas as suas maldades separaram vocês do seu Deus; os seus pecados esconderam de vocês o rosto dele, e por isso ele não os ouvirá.

Versículos do Antigo Testamento
Lição n.º 3 - Parte 2

Provérbios 27:1 Não se gabe do dia de amanhã, pois você não sabe o que este ou aquele dia poderá trazer.

Provérbios 28:13 Quem esconde os seus pecados não prospera, mas quem os confessa e os abandona encontra misericórdia.

Isaías 55:7 Que o ímpio abandone seu caminho, e o homem mau, os seus pensamentos. Volte-se ele para o Senhor, que terá misericórdia dele; volte-se para o nosso Deus, pois ele perdoará de bom grado.

Versículos do Antigo Testamento
Lição n.º 4

Êxodo 14:21-22 Então Moisés estendeu a mão sobre o mar, e o Senhor afastou o mar e o tornou em terra seca, com um forte vento oriental que soprou toda aquela noite. As águas se dividiram,
e os israelitas atravessaram pelo meio do mar em terra seca, tendo uma parede de água à direita e outra à esquerda.

Gênesis 6:17-18 "Eis que vou trazer águas sobre a terra, o Dilúvio, para destruir

Apêndice dos Versículos do Antigo Testamento

debaixo do céu toda criatura que tem fôlego de vida. Tudo o que há na terra perecerá.

Mas com você estabelecerei a minha aliança, e você entrará na arca com seus filhos, sua mulher e as mulheres de seus filhos.

Versículos do Antigo Testamento
Primeira Avaliação de Progresso

Provérbios 2:1-5
1 Meu filho, se você aceitar as minhas palavras e guardar no coração os meus mandamen tos;
2 se der ouvidos à sabedoria e inclinar o coração para o discernimento;
3 se clamar por entendimento e por discernimento gritar bem alto,
4 se procurar a sabedoria como se procura a prata e buscá-la como quem busca um tesouro escondido,
5 então você entenderá o que é temer ao Senhor e achará o conhecimen to de Deus.

Versículos do Antigo Testamento Lição n.º 7

Provérbios 15:8 O Senhor detesta o sacrifício dos ímpios, mas a oração do justo o agrada.

Salmos 100:4 Entrem por suas portas com ações de graças, e em seus átrios, com louvor; dêem-lhe graças e bendigam o seu nome.

Salmos 66:18 Se eu acalentasse o pecado no coração, o Senhor não me ouviria;

Salmos 5:3 De manhã ouves, Senhor, o meu clamor; de manhã te apresento a minha oração e aguardo com esperança.

Salmos 55:17 À tarde, pela manhã e ao meio-dia choro angustiado, e ele ouve a minha voz.

Versículos do Antigo Testamento Lição n.º 8

Gênesis 3:1-13
1 Ora, a serpente era o mais astuto de todos os animais selvagens que

o Senhor Deus tinha feito. E ela perguntou à mulher: "Foi isto mesmo que Deus disse: 'Não comam de nenhum fruto das árvores do jardim'? "

2 Respondeu a mulher à serpente: "Podemos comer do fruto das árvores do jardim,
3 mas Deus disse: 'Não comam do fruto da árvore que está no meio do jardim, nem toquem nele; do contrário vocês morrerão' ".
4 Disse a serpente à mulher: "Certamente não morrerão!
5 Deus sabe que, no dia em que dele comerem, seus olhos se abrirão, e vocês serão como Deus, conhecedores do bem e do mal".
6 Quando a mulher viu que a árvore parecia agradável ao paladar, era atraente aos olhos e, além disso, desejável para dela se obter discernimento, tomou do seu fruto, comeu-o e o deu a seu marido, que comeu também.
7 Os olhos dos dois se abriram, e perceberam que estavam nus; então juntaram folhas de figueira para cobrir-se.
8 Ouvindo o homem e sua mulher os passos do Senhor Deus que andava pelo jardim quan do soprava a brisa do dia, esconderam-se da presença do Senhor Deus entre as árvores do jardim.
9 Mas o Senhor Deus chamou o homem, perguntando: "Onde está você?"
10 E ele respondeu: "Ouvi teus passos no jardim e fiquei com medo, porque estava nu; por isso me escondi".
11 E Deus perguntou: "Quem lhe disse que você estava nu? Você comeu do fruto da árvore da qual lhe proibi comer? "
12 Disse o homem: "Foi a mulher que me deste por companheira que me deu do fruto da árvore, e eu comi".
13 O Senhor Deus perguntou então à mulher: "Que foi que você fez?" Respondeu a mulher: "A serpente me enganou, e eu comi".

Gênesis 3:14-19

14 Então o Senhor Deus declarou à serpente: "Já que você fez isso, maldita é você entre todos os rebanhos domésticos e entre todos os animais selvagens! Sobre o seu ventre você rastejará, e pó comerá todos os dias da sua vida.
15 Porei inimizade entre você e a mulher, entre a sua descendência e o descendente dela; este lhe ferirá a cabeça, e você lhe ferirá o calcanhar".
16 À mulher, ele declarou: "Multiplicarei grandemente o seu sofrimento na gravidez; com sofrimento dará à luz seus filhos. Seu desejo será para o seu marido, e ele a dominará".

Apêndice dos Versículos do Antigo Testamento

17 E ao homem declarou: "Visto que você deu ouvidos à sua mulher e comeu do fruto da árvore da qual eu lhe ordenara que não comesse, maldita é a terra por sua causa; com sofrimento você se alimentará dela todos os dias da sua vida.
18 Ela lhe dará espinhos e ervas daninhas, e você terá que alimentar-se das plantas do campo.
19 Com o suor do seu rosto você comerá o seu pão, até que volte à terra, visto que dela foi tirado; porque você é pó e ao pó voltará".

Jó 2:7 Saiu, pois, Satanás da presença do Senhor e afligiu Jó com feridas terríveis, da sola dos pés ao alto da cabeça.

Êxodo 15:26 dizendo-lhes: "Se vocês derem atenção ao Senhor, ao seu Deus e fizerem o que ele aprova, se derem ouvidos aos seus mandamentos e obedecerem a todos os seus decretos, não trarei sobre vocês nenhuma das doenças que eu trouxe sobre os egípcios, pois eu sou o Senhor que os cura".

Êxodo 23:25 Prestem culto ao Senhor, o Deus de vocês, e ele os abençoará, dando-lhes alimento e água. Tirarei a doença do meio de vocês.

Deuteronômio 7:15 O Senhor os guardará de todas as doenças. Não infligirá a vocês as doenças terríveis que, como sabem, atingiram o Egito, mas as infligirá a todos os seus inimigos.

Salmos 103:3 É ele que perdoa todos os seus pecados e cura todas as suas doenças,

Malaquias 3:6 "De fato, eu, o Senhor, não mudo. Por isso vocês, descendentes de Jacó, não foram destruídos.

Deuteronômio 28:15 Entretanto, se vocês não obedecerem ao Senhor, ao seu Deus, e não seguirem cuidadosamente todos os seus mandamentos e decretos que hoje lhes dou, todas estas maldições cairão sobre vocês e os atingirão:

Deuteronômio 28:21-22
21 O Senhor os encherá de doenças até bani-los da terra em que vocês estão entrando para dela tomar posse.
22 O Senhor os ferirá com doenças devastadoras, febre e inflamação, com calor abrasador e seca, com ferrugem e mofo, que os infestarão até que morram.

Deuteronômio 28:27-28

27 O Senhor os castigará com as úlceras do Egito e com tumores, feridas purulentas e sarna, males dos quais vocês não poderão curar-se.
28 O Senhor os afligirá com loucura, cegueira e confusão mental.

Deuteronômio 28:35

O Senhor afligirá os seus joelhos e as suas pernas com feridas dolorosas e incuráveis, e que se espalharão sobre vocês desde a sola do pé até o alto da cabeça.

Deuteronômio 28:59-61

59 ele enviará pestes terríveis sobre vocês e sobre os seus descendentes, desgraças horríveis e prolongadas, doenças graves e persistentes.
60 Ele trará sobre vocês todas as temíveis doenças do Egito, e vocês as contrairão.
61 O Senhor também fará vir sobre vocês todo tipo de enfermidade e desgraça não registradas neste Livro da Lei, até que sejam destruídos.

Deuteronômio 30:19

Hoje invoco os céus e a terra como testemunhas contra vocês, de que coloquei diante de vocês a vida e a morte, a bênção e a maldição. Agora escolham a vida, para que vocês e os seus filhos vivam,

Êxodo 15:26

dizendo-lhes: "Se vocês derem atenção ao Senhor, ao seu Deus e fizerem o que ele aprova, se derem ouvidos aos seus mandamentos e obedecerem a todos os seus decretos, não trarei sobre vocês nenhuma das doenças que eu trouxe sobre os egípcios, pois eu sou o Senhor que os cura".

Salmos 103:3

É ele que perdoa todos os seus pecados e cura todas as suas doenças,

Isaías 53:4-5

4 Certamente ele tomou sobre si as nossas enfermidades e sobre si levou as nossas doenças, contudo nós o consideramos castigado por Deus, por Ele atingido e afligido.
5 Mas Ele foi transpassado por causa das nossas transgressões, foi esmagado por causa de nossas iniqüidades; o castigo que nos trouxe paz estava sobre Ele, e pelas suas feridas fomos curados.

Versículos do Antigo Testamento Lição n.º 9

Salmos 107:20 Ele enviou a sua palavra e os curou, e os livrou da morte.

Provérbios 4:20-22
   20 Meu filho, escute o que lhe digo; preste atenção às minhas palavras.
   21 Nunca as perca de vista; guarde-as no fundo do coração,
   22 pois são vida para quem as encontra e saúde para todo o seu ser.

Salmos 33:6 Mediante a palavra do Senhor foram feitos os céus, e os corpos celestes, pelo sopro de sua boca.

Versículos do Antigo Testamento Lição n.º 10

Provérbios 14:25 A testemunha que fala a verdade salva vidas, mas a testemunha falsa é enganosa.

Provérbios 11:30 O fruto da retidão é árvore de vida, e aquele que conquista almas é sábio.

1 Crônicas 16:8-9
   8 Dêem graças ao Senhor, clamem pelo seu nome, divulguem entre as nações o que ele tem feito.
   9 Cantem para ele, louvem-no; contem todos os seus atos maravilhosos.

Provérbios 29:25 Quem teme ao homem cai em armadilhas, mas quem confia no Senhor está seguro.

Ezequiel 3:17-18
   17 "Filho do homem", disse ele, "eu o fiz sentinela para a nação de Israel; por isso ouça a palavra que digo e leve-lhes a minha advertência.
   18 Quando eu disser a um ímpio que ele vai morrer, e você não o advertir nem lhe falar para dissuadi-lo dos seus maus caminhos para salvar a vida dele, aquele ímpio morrerá sua iniqüidade; mas para mim você será responsável pela morte dele.

Curso Bíblico Autodidacta

Versículos do Antigo Testamento
Lição n.º 11

Gênesis 14:19-20
19 e abençoou Abrão, dizendo: "Bendito seja Abrão pelo Deus Altíssimo, Criador dos céus e da terra.
20 E bendito seja o Deus Altíssimo, que entregou seus inimigos em suas mãos". E Abrão lhe deu o dízimo de tudo.

Gênesis 24:1 Abraão já era velho, de idade bem avançada, e o Senhor em tudo o abençoara.

Gênesis 28:20 Então Jacó fez um voto, dizendo: "Se Deus estiver comigo, cuidar de mim nesta viagem que estou fazendo, prover-me de comida e roupa,

Gênesis 28:22 E esta pedra que hoje coloquei como coluna servirá de santuário de Deus; e de tudo o que me deres certamente te darei o dízimo".

Gênesis 33:11 Aceita, pois, o presente que te foi trazido, pois Deus tem sido favorável para comigo, e eu já tenho tudo o que necessito". Jacó tanto insistiu que Esaú acabou aceitando.

Gênesis 39:2 O Senhor estava com José, de modo que este prosperou e passou a morar na casa do seu senhor egípcio.

Gênesis 39:23 O carcereiro não se preocupava com nada do que estava a cargo de José, porque o Senhor estava com José e lhe concedia bom êxito em tudo o que realizava.

Josué 1:8 Não deixe de falar as palavras deste Livro da Lei e de meditar nelas de dia e de noite, para que você cumpra fielmente tudo o que nele está escrito. Só então os seus caminhos prosperarão e você será bem sucedido.

1 Crônicas 22:13 E você prosperará se for cuidadoso em obedecer aos decretos e às leis que o Senhor deu a Israel por meio de Moisés. Seja forte e corajoso! Não tenha medo nem se desanime!

2 Crônicas 26:5 e buscou a Deus durante a vida de Zacarias, que o instruiu no temor de Deus. Enquanto buscou o Senhor, Deus o fez prosperar.

Apêndice dos Versículos do Antigo Testamento

2 Crônicas 31:21 Em tudo o que ele empreendeu no serviço do templo de Deus e na obediência à lei e aos mandamentos, ele buscou o seu Deus e trabalhou de todo o coração; e por isso prosperou.

2 Crônicas 32:30 Foi Ezequias que bloqueou o manancial superior da fonte de Giom e, canalizou a água para a parte oeste da cidade de Davi. Ele foi bem sucedido em tudo o que se propôs a fazer.

Salmos 1:1-3
1. Como é feliz aquele que não segue o conselho dos ímpios, não imita a conduta dos peca dores, nem se assenta na roda dos zombadores!
2. Ao contrário, sua satisfação está na lei do Senhor, e nessa lei medita dia e noite.
3. É como árvore plantada à beira de águas correntes: Dá fruto no tempo certo e suas folhas não murcham. Tudo o que ele faz prospera!

Malaquias 3:8-10
8. "Pode um homem roubar de Deus? Contudo vocês estão me roubando. E ainda pergun tam: 'Como é que te roubamos? ' Nos dízimos e nas ofertas.
9. Vocês estão debaixo de grande maldição porque estão me roubando; a nação toda está me roubando.
10. Tragam o dízimo todo ao depósito do templo, para que haja alimento em minha casa. Ponham-me à prova", diz o Senhor dos Exércitos, "e vejam se não vou abrir as comportas dos céus e derramar sobre vocês tantas bênçãos que nem terão onde guardá-las.

Salmos 84:11 O Senhor Deus é sol e escudo; o Senhor concede favor e honra; não recusa nenhum bem aos que vivem com integridade.

Salmos 34:10 Os leões podem passar necessidade e fome, mas os que buscam o Senhor de nada têm falta.

Salmos 35:27 Cantem de alegria e regozijo todos os que desejam ver provada a minha inocência, e sempre repitam: "O Senhor seja engrandecido! Ele tem prazer no bem-estar do seu servo".

Gênesis 32:10 não sou digno de toda a bondade e lealdade com que trataste o teu servo. Quando atravessei o Jordão eu tinha apenas o meu cajado, mas agora possuo duas caravanas.

Salmos 1:1-3
1 Como é feliz aquele que não segue o conselho dos ímpios, não imita a conduta dos peca dores, nem se assenta na roda dos zombadores!
2 Ao contrário, sua satisfação está na lei do Senhor, e nessa lei medita dia e noite.
3 É como árvore plantada à beira de águas correntes: Dá fruto no tempo certo e suas folhas não murcham. Tudo o que ele faz prospera!

Versículos do Antigo Testamento
Lição n.º 12

Êxodo 19:5-6
5 Agora, se me obedecerem fielmente e guardarem a minha aliança, vocês serão o meu tesouro pessoal dentre todas as nações. Embora toda a terra seja minha,
6 vocês serão para mim um reino de sacerdotes e uma nação santa'. Essas são as palavras que você dirá aos israelitas".

Gênesis 12:3 Abençoarei os que o abençoarem, e amaldiçoarei os que o amaldiçoarem; e por meio de você todos os povos da terra serão abençoados".

Gênesis 15:6 Abrão creu no Senhor, e isso lhe foi creditado como justiça.

Gênesis 17:4-5
4 "De minha parte, esta é a minha aliança com você. Você será o pai de muitas nações.
5 Não será mais chamado Abrão; seu nome será Abraão, porque eu o constituí pai de mui tas nações.

Gênesis 17:7 Estabelecerei a minha aliança como aliança eterna entre mim e você e os seus futuros descendentes, para ser o seu Deus e o Deus dos seus descendentes.

Êxodo 6:3-4
3 Apareci a Abraão, a Isaque e a Jacó como o Deus Todo-poderoso, mas pelo meu nome, o Senhor, não me revelei a eles.
4 Depois estabeleci com eles a minha aliança para dar-lhes a terra de Canaã, terra onde viveram como estrangeiros.

Levítico 26:42 eu me lembrarei da minha aliança com Jacó e da minha aliança com Isaque e da minha aliança com Abraão, e também me lembrarei da terra,

Gênesis 35:10 dizendo: "Seu nome é Jacó, mas você não será mais chamado Jacó; seu nome será Israel". Assim lhe deu o nome de Israel.

Gênesis 22:17 esteja certo de que o abençoarei e farei seus descendentes tão numerosos como as estrelas do céu e como a areia das praias do mar. Sua descendência conquistará as cidades dos que lhe forem inimigos

Gênesis 22:18 e, por meio dela, todos povos da terra serão abençoados, porque você me obedeceu".

Gênesis 18:19 Pois eu o escolhi, para que ordene aos seus filhos e aos seus descendentes que se conservem no caminho do Senhor, fazendo o que é justo e direito, para que o Senhor faça vir a Abraão o que lhe havia prometido".

Êxodo 19:5-6
5 Agora, se me obedecerem fielmente e guardarem a minha aliança, vocês serão o meu tesouro pessoal dentre todas as nações. Embora toda a terra seja minha,
6 vocês serão para mim um reino de sacerdotes e uma nação santa'. Essas são as palavras que você dirá aos israelitas".

Deuteronômio 28:1 Se vocês obedecerem fielmente ao Senhor, ao seu Deus, e seguirem cuidadosamente todos os seus mandamentos que hoje lhes dou, o Senhor, o seu Deus, os colocará muito acima de todas as nações da terra.

Deuteronômio 28:10 Então todos os povos da terra verão que vocês são chamados pelo nome do Senhor e terão medo de vocês.

Deuteronômio 29:9 Sigam fielmente os termos desta aliança, para que vocês prosperem em tudo o que fizerem.

Salmos 67:1-2 Que Deus tenha misericórdia de nós e nos abençoe, e faça resplandecer o seu rosto sobre nós,
para que sejam conhecidos na terra os teus caminhos, a tua salvação entre todas as nações.

Isaías 42:1 "Eis o meu servo, a quem sustento, o meu escolhido, em quem tenho prazer. Porei nele o meu Espírito, e ele trará justiça às nações.

Isaías 42:6 "Eu, o Senhor, o chamei em retidão; segurarei firme a sua mão. Eu o guardarei e farei de você um mediador para o povo e uma luz para os gentios,

Isaías 43:10 "Vocês são minhas testemunhas", declara o Senhor, "e meu servo, a quem escolhi, para que vocês saibam e creiam em mim e entendam que eu sou Deus. Antes de mim nenhum deus se formou, nem haverá algum depois de mim.

Isaías 2:2-3
2 Nos últimos dias o monte do templo do Senhor será estabelecido como o principal; será elevado acima das colinas, e todas as nações correrão para ele.
3 Virão muitos povos e dirão: "Venham, subamos ao monte do Senhor, ao templo do Deus de Jacó, para que ele nos ensine os seus caminhos, e assim andemos em suas veredas". Pois, a lei sairá de Sião, de Jerusalém virá a palavra do Senhor.

Isaías 60:2 Olhe! A escuridão cobre a terra, nessas trevas envolvem os povos, mas sobre você raia o Senhor, e sobre você se vê a sua glória.

Isaías 60:3 As nações virão à sua luz, e os reis ao fulgor do sua alvorecer.

Isaías 61:4-6
4 Eles reconstruirão as velhas ruínas e restaurarão os antigos escombros; renovarão as cidades arruinadas que têm sido devastadas de geração em geração.
5 Gente de fora vai pastorear os rebanhos de vocês; estrangeiros trabalharão em seus cam- pos e vinhas.
6 Mas vocês serão chamados sacerdotes do Senhor, ministros do nosso Deus. Vocês se alimentarão das riquezas das nações, e no que era o orgulho delas vocês se orgulharão.

Zacarías 8:22 E muitos povos e nações poderosas virão buscar o Senhor dos Exércitos em Jerusalém e suplicar o seu favor".

Zacarías 8:23 Assim diz o Senhor dos Exércitos: "Naqueles dias, dez homens de todas as línguas e nações agarrarão firmemente a barra das vestes de um judeu e dirão: 'Nós vamos com você porque ouvimos dizer que Deus está com vocês' ".

Apêndice dos Versículos do Antigo Testamento

Êxodo 19:5-6

5   Agora, se me obedecerem fielmente e guardarem a minha aliança, vocês serão o meu tesouro pessoal dentre todas as nações. Embora toda a terra seja minha,
6   vocês serão para mim um reino de sacerdotes e uma nação santa'. Essas são as palavras que você dirá aos israelitas".

Salmos 50:5 "Ajuntem os que me são fiéis, que, mediante sacrifício, fizeram aliança comigo".

Êxodo 15:26 dizendo-lhes: "Se vocês derem atenção ao Senhor, ao seu Deus e fizerem o que ele aprova, se derem ouvidos aos seus mandamentos e obedecerem a todos os seus decretos, não trarei sobre vocês nenhuma das doenças que eu trouxe sobre os egípcios, pois eu sou o Senhor que os cura

Deuteronômio 28:1-2

1   Se vocês obedecerem fielmente ao Senhor, ao seu Deus, e seguirem cuidadosamente todos os seus mandamentos que hoje lhes dou, o Senhor, o seu Deus, os colocará muito acima de todas as nações da terra.
2   Todas estas bênçãos virão sobre vocês e os acompanharão, se vocês obedecerem ao Sen hor, ao seu Deus:

Êxodo 19:6 vocês serão para mim um reino de sacerdotes e uma nação santa'. Essas são as palavras que você dirá aos israelitas".

Versículos do Antigo Testamento
Lição n.º 13

Isaías 43:25 "Sou eu, eu mesmo, aquele que apaga suas transgressões, por amor de mim, e que não se lembra mais de seus pecados.

Deuteronômio 31:29 Pois sei que depois da minha morte vocês com certeza se corromperão e se afastarão do caminho que lhes ordenei. Nos dias futuros a desgraça cairá sobre vocês, porque vocês farão o que o Senhor reprova e o provocarão à ira por aquilo que as mãos de vocês terão feito".

Levítico 26:21 "Se continuarem se opondo a mim e recusarem ouvir-me, eu os castigarei sete vezes mais, conforme os seus pecados.

Levítico 26:23 "Se apesar disso vocês não aceitarem a minha disciplina, mas continuarem a opor-se a mim,

Levítico 26:27 "Se apesar disso tudo vocês ainda não me ouvirem, mas continuarem a opor-se a mim,

Levítico 26:25 E trarei a espada contra vocês para vingar a aliança. Quando se refugiarem em suas cidades, eu lhes mandarei uma praga, e vocês serão entregues em mãos inimigas.

Levítico 26:29 Vocês comerão a carne dos seus filhos e das suas filhas.

Levítico 26:31-33
> 31 Deixarei as cidades de vocês em ruínas e arrasarei os seus santuários, e não terei prazer no aroma das suas ofertas.
> 32 Desolarei a terra a ponto de ficarem perplexos os seus inimigos que vierem ocupá-la.
> 33 Espalharei vocês entre as nações e desembainharei a espada contra vocês. Sua terra ficará desolada, e as suas cidades, em ruínas.

Daniel 9:5 nós temos pecado e somos culpados. Temos sido ímpios e rebeldes, e nos afastamos dos teus mandamentos e das tuas leis.

Daniel 9:10 não te demos ouvidos, Senhor, nosso Deus, nem obedecemos às leis que nos deste por meio dos teus servos, os profetas.

Levítico 26:44 Apesar disso, quando estiverem na terra do inimigo, não os desprezarei, nem os rejeitarei, para destruí-los totalmente, quebrando a minha aliança com eles, pois eu sou o Senhor, o Deus deles.

Levítico 26:45 Mas por amor deles eu me lembrarei da aliança com os seus antepassados que tirei da terra do Egito à vista das nações, para ser o Deus deles. Eu sou o Senhor. "

Salmos 14:7 Ah, se de Sião viesse a salvação para Israel! Quando o Senhor restaurar o seu povo, Jacó exultará! Israel se regozijará!

Isaías 12:2 Deus é a minha salvação; terei confiança e não temerei. O Senhor, sim,

Apêndice dos Versículos do Antigo Testamento

o Senhor é a minha força e o meu cântico; ele é a minha salvação! "

Isaías 43:3 Pois eu sou o Senhor, o seu Deus, o Santo de Israel, o seu Salvador; dou o Egito como resgate por você, a Etiópia e Sebá em troca de você.

Isaías 43:11 Eu, eu mesmo, sou o Senhor, e além de mim não há salvador algum.

Isaías 43:25 "Sou eu, eu mesmo, aquele que apaga suas transgressões, por amor de mim, e que não se lembra mais de seus pecados.

Isaías 59:20 "O Redentor virá a Sião, aos que em Jacó se arrependerem-se dos seus pecados", declara o Senhor.

Isaías 62:11 O Senhor proclamou aos confins da terra: "Digam à cidade de Sião: Veja! O seu Salvador vem! Veja! Ele traz a sua recompensa e o seu galardão o acompanha".

Jeremias 33:7-8
7 Mudarei a sorte de Judá e de Israel e os reconstruirei como antigamente.
8 Eu os purificarei de todo o pecado que cometeram contra mim e perdoarei todos os seus pecados de rebelião contra mim.

Ezequiel 39:27 Quando eu os tiver trazido de volta das nações e os tiver ajuntado de entre as terras de seus inimigos, eu me revelarei santo por meio deles à vista de muitas nações.

Isaías 43:25 "Sou eu, eu mesmo, aquele que apaga suas transgressões, por amor de mim, e que não se lembra mais de seus pecados.

Lv.26:21 (JFA) E se andardes contrariamente para comigo, e não me quiserdes ouvir, trar-vos-ei pragas sete vezes mais, conforme os vossos pecados.

Jeremias 33:23-26
23 O Senhor dirigiu a palavra a Jeremias:
24 "Você reparou que essas pessoas estão dizendo que o Senhor rejeitou os dois reinos que tinha escolhido? Por isso desprezam o meu povo e não mais o considera como nação.
25 Assim diz o Senhor: 'Se a minha aliança com o dia e com a noite não

mais vigorasse, se eu não tivesse estabelecido as leis fixas do céu e da terra,
26 então eu rejeitaria os descendentes de Jacó e do meu servo Davi, e não escolheria um dos seus descendentes para que governasse os descendentes de Abraão, de Isaque e de Jacó. Mas eu restaurarei a sorte deles e lhes manifestarei a minha compaixão' ".

Salmos 89:34 Não violarei a minha aliança nem modificarei as promessas dos meus lábios.

Versículos do Antigo Testamento
Lição n.º 14

Malaquias 3:1 "Vejam, eu enviarei o meu mensageiro, que preparará o caminho diante de mim. E então, de repente, o Senhor que vocês buscam virá para o seu templo; o mensageiro da aliança, aquele que vocês desejam, virá", diz o Senhor dos Exércitos.

Gênesis 22:15-18
15 Pela segunda vez o Anjo do Senhor chamou do céu a Abraão
16 e disse: "Juro por mim mesmo", declara o Senhor, "que por ter feito o que fez, não me negando seu filho, o seu único filho,
17 esteja certo de que o abençoarei e farei seus descendentes tão numerosos como as estrelas do céu e como a areia das praias do mar. Sua descendência conquistará as cidades dos que lhe forem inimigos
18 e, por meio dela, todos povos da terra serão abençoados, porque você me obedeceu".

Gênesis 17:19 Então Deus respondeu: "Na verdade Sara, sua mulher, lhe dará um filho, e você lhe chamará Isaque. Com ele estabelecerei a minha aliança, que será aliança eterna para os seus futuros descendentes.

Gênesis 17:21 Mas a minha aliança, eu a estabelecerei com Isaque, filho que Sara lhe dará no ano que vem, por esta época".

Gênesis 28:1-4
1 Então Isaque chamou Jacó, deu-lhe sua bênção e lhe ordenou: "Não se case com mulher cananéia.
2 Vá a Padã-Arã, à casa de Betuel, seu avô materno, e case-se com uma

das filhas de Labão, irmão de sua mãe.
3 Que o Deus Todo-poderoso o abençoe, faça-o prolífero e multiplique os seus descendentes, para que você se torne uma comunidade de povos.
4 Que ele dê a você e a seus descendentes a bênção de Abraão, para que você tome posse da terra na qual vive como estrangeiro, a terra dada por Deus a Abraão".

Gênesis 49:10 O cetro não se apartará de Judá, nem o bastão de comando de seus descendentes, até que venha aquele a quem ele pertence, e a ele as nações obedecerão.

Salmos 89:35-36
35 De uma vez para sempre jurei pela minha santidade, e não mentirei a Davi,
36 que a sua linhagem permanecerá para sempre, e o seu trono durará como o sol;

Isaías 9:6-7
6 Porque um menino nos nasceu, um filho nos foi dado, e o governo está sobre os seus ombros. E ele será chamado Maravilhoso Conselheiro, Deus Poderoso, Pai Eterno, Príncipe da Paz.
7 Ele estenderá o seu domínio, e haverá paz sem fim sobre o trono de Davi e sobre o seu reino, estabelecido e mantido com justiça e retidão, desde agora e para sempre. O zelo do Senhor dos Exércitos fará isso.

Miquéias 5:2 "Mas tu, Belém-Efrata, embora sejas pequena entre os clãs de Judá, de ti virá para mim aquele que será o governante sobre Israel. Suas origens estão no passado distante, em tempos antigos. "

Isaías 7:14 Por isso o Senhor mesmo lhes dará um sinal: a virgem ficará grávida e dará à luz um filho, e o chamará Emanuel.

Daniel 9:25-26
25 "Saiba e entenda que a partir da promulgação do decreto que manda restaurar e reconstruir Jerusalém até que o Ungido, o líder, venha, haverá sete semanas, e sessenta e duas semanas. Ela será reconstruída com ruas e muros, mas em tempos difíceis.
26 Depois das sessenta e duas semanas, o Ungido será morto, e já não haverá lugar para ele.

A cidade e o lugar santo serão destruídos pelo povo do governante que virá. O fim virá como uma inundação: Guerras continuarão até o fim, e desolações foram decretadas.

Malaquias 3:1 "Vejam, eu enviarei o meu mensageiro, que preparará o caminho diante de mim. E então, de repente, o Senhor que vocês buscam virá para o seu templo; o mensageiro da aliança, aquele que vocês desejam, virá", diz o Senhor dos Exércitos.

Jeremias 31:31-34
31 "Estão chegando os dias", declara o Senhor, "quando farei uma nova aliança com a comunidade de Israel e com a comunidade de Judá".
32 "Não será como a aliança que fiz com os seus antepassados quando os tomei pela mão para tirá-los do Egito; porque quebraram a minha aliança, apesar de eu ser o Senhor deles", diz o Senhor.
33 "Esta é a aliança que farei com a comunidade de Israel depois daqueles dias", declara o Senhor: "Porei a minha lei no íntimo deles e a escreverei nos seus corações. Serei o Deus deles, e eles serão o meu povo.
34 Ninguém mais ensinará ao seu próximo nem ao seu irmão, dizendo: 'Conheça ao Senhor', porque todos eles me conhecerão, desde o menor até o maior", diz o Senhor. "Porque eu lhes perdoarei a maldade e não me lembrarei mais dos seus pecados. "

Isaías 61:1 O Espírito do Soberano Senhor está sobre mim porque o Senhor ungiu-me para levar boas notícias aos pobres. Enviou-me para cuidar dos que estão com o coração quebrantado, anunciar liberdade aos cativos e libertação das trevas aos prisioneiros,

Isaías 35:4-6
4 digam aos desanimados de coração: "Sejam fortes, não temam! Seu Deus virá, virá com vingança; com divina retribuição virá para salvá-los".
5 Então se abrirão os olhos dos cegos e se destaparão os ouvidos dos surdos.
6 Então os coxos saltarão como o cervo, e a língua do mudo cantará de alegria. Águas irromperão no ermo e riachos no deserto.

Zacarias 9:9 Alegre-se muito, cidade de Sião! Exulte, Jerusalém! Eis que o seu rei vem a você, justo e vitorioso, humilde e montado num jumento, um jumentinho, cria de jumenta.

Isaías 7:14 Por isso o Senhor mesmo lhes dará um sinal: a virgem ficará grávida e dará à luz um filho, e o chamará Emanuel.

Isaías 49:1 Escutem-me, vocês, ilhas; ouçam, vocês, nações distantes: Antes de eu nascer o Senhor me chamou; desde o meu nascimento ele fez menção de meu nome.

Isaías 49:5 E agora o Senhor diz, aquele que me formou no ventre para ser o seu servo para trazer de volta Jacó e reunir Israel a ele mesmo, pois sou honrado aos olhos do Senhor, e o meu Deus tem sido a minha força;

Salmos 22:9 Contudo, tu mesmo me tiraste do ventre; deste-me segurança junto ao seio de minha mãe.

Gênesis 24:43 Aqui estou em pé diante desta fonte; se uma moça vier tirar água e eu lhe disser: 'Por favor, dê-me de beber um pouco de seu cântaro',

Êxodo 2:8 "Quero", respondeu ela. E a moça foi chamar a mãe do menino.

Joel 1:8 Pranteiem como uma virgem em vestes de luto que lamenta pelo noivo da sua mocidade.

Isaías 23:12 e disse: "Você não se alegrará mais, ó cidade de Sidom, virgem derrotada! "Levante-se, atravesse o mar até Chipre; nem lá você terá descanso".

Isaías 47:1 "Desça, sente-se no pó, Virgem cidade de Babilônia; sente-se no chão sem um trono, Filha dos babilônios. Você não será mais chamada mimosa e delicada.

Jeremias 18:13 Portanto, assim diz o Senhor: "Perguntem entre as nações se alguém já ouviu uma coisa dessas; coisa tremendamente horrível fez a virgem, Israel!

Jeremias 31:4 Eu a edificarei mais uma vez, ó virgem, Israel! Você será reconstruída! Mais uma vez você se enfeitará com guizos e sairá dançando com os que se alegram.

Jeremias 31:21 "Coloque marcos e ponha sinais nas estradas, Preste atenção no caminho que você trilhou. Volte, ó Virgem, Israel! Volte para as suas cidades.

Deuteronômio 9:25-26

25 Fiquei prostrado perante o Senhor durante aqueles quarenta dias e quarenta noites porque o Senhor tinha dito que ia destruí-los.
26 Foi quando orei ao Senhor, dizendo: Ó Soberano Senhor, não destruas o teu povo, a tua própria herança! Tu o redimiste com a tua grandeza e o tiraste da terra do Egito com mão poderosa.

Jeremias 31:31-34

31 "Estão chegando os dias", declara o Senhor, "quando farei uma nova aliança com a comunidade de Israel e com a comunidade de Judá".
32 "Não será como a aliança que fiz com os seus antepassados quando os tomei pela mão para tirá-los do Egito; porque quebraram a minha aliança, apesar de eu ser o Senhor deles", diz o Senhor.
33 "Esta é a aliança que farei com a comunidade de Israel depois daqueles dias", declara o Senhor: "Porei a minha lei no íntimo deles e a escreverei nos seus corações. Serei o Deus deles, e eles serão o meu povo.
34 Ninguém mais ensinará ao seu próximo nem ao seu irmão, dizendo: 'Conheça ao Sen hor', porque todos eles me conhecerão, desde o menor até o maior", diz o Senhor. "Porque eu lhes perdoarei a maldade e não me lembrarei mais dos seus pecados. "

Ezequiel 16:56-60

56 Você nem mencionaria o nome de sua irmã Sodoma na época do orgulho que você sentia,
57 antes da sua impiedade ser trazida a público. Mas agora você é alvo da zombaria das filhas de Edom e de todos os vizinhos del a, e das filhas dos filisteus, de todos os que vivem ao seu redor e que a desprezam.
58 Você sofrerá as consequências da sua lascívia e das suas práticas repugnantes, palavra do Senhor.
59 'Assim diz o Soberano Senhor: Eu a tratarei como merece, porque você desprezou o meu juramento ao romper a aliança.
60 Contudo, eu me lembrarei da aliança que fiz com você nos dias da sua infância, e estabelecerei uma aliança eterna com você.

1 Reis 1:33-34

33 ele os instruiu: "Levem os conselheiros do seu senhor com vocês e ponham o meu filho Salomão sobre a minha mula e levem-no a Giom.
34 Ali o sacerdote Zadoque e o profeta Natã o ungirão rei sobre Israel. Então toquem a trombeta e gritem: Viva o rei Salomão!

Apêndice dos Versículos do Antigo Testamento

Versículos do Antigo Testamento
Lição n.º 15

Isaías 53:1-3 Quem creu em nossa mensagem e a quem foi revelado o braço do Senhor? Ele cresceu diante dele como um broto tenro, e como uma raiz saída de uma terra seca. Ele não tinha qualquer beleza ou majestade que nos atraísse, nada em sua aparência para que o desejássemos.
Foi desprezado e rejeitado pelos homens, um homem de tristeza e familiarizado com o sofrimento. Como alguém de quem os homens escondem o rosto, foi desprezado, e nós não o tínhamos em estima.

Salmos 41:9 Até o meu melhor amigo, em quem eu confiava e que partilhava do meu pão, voltou-se contra mim.

Zacarias 11:12 Eu lhes disse: Se acharem melhor assim, paguem-me; se não, não me paguem. Então eles me pagaram trinta moedas de prata.

Zacarias 11:13 E o Senhor me disse: "Lance isto ao oleiro", o ótimo preço pelo qual me avaliaram! Por isso tomei as trinta moedas de prata e as atirei no templo do Senhor para o oleiro.

Isaías 53:7 Ele foi oprimido e afligido, contudo não abriu a sua boca; como um cordeiro foi levado para o matadouro, e como uma ovelha que diante de seus tosquiadores fica calada, ele não abriu a sua boca.

Isaías 50:6 Ofereci minhas costas para aqueles que me batiam, meu rosto para aqueles que arrancavam minha barba; não escondi a face da zombaria e dos que me cuspiram.

Isaías 53:12 Por isso eu lhe darei uma porção entre os grandes, e ele dividirá os despojos com os fortes, porquanto ele derramou sua vida até à morte, e foi contado entre os transgressores. Pois ele carregou o pecado de muitos, e intercedeu pelos transgressores.

Salmos 22:16 Cães me rodearam! Um bando de homens maus me cercou! Perfuraram minhas mãos e meus pés.

Salmos 22:18 Dividiram as minhas roupas entre si, e tiraram sortes sobre as minhas vestes.

Salmos 69:21 Puseram fel na minha comida e para matar-me a sede deram-me vinagre.

Salmos 34:19-20 O justo passa por muitas adversidades, mas o Senhor o livra de todas; protege todos os seus ossos; nenhum deles será quebrado.

Isaías 53:6 Todos nós, tal qual ovelhas, nos desviamos, cada um de nós se voltou para o seu próprio caminho; e o Senhor fez cair sobre ele a iniqüidade de todos nós.

Isaías 53:8 Com julgamento opressivo ele foi levado. E quem pode falar dos seus descendentes? Pois ele foi eliminado da terra dos viventes; por causa da transgressão do meu povo ele foi golpeado.

Isaías 53:9 Foi-lhe dado um túmulo com os ímpios, e com os ricos em sua morte, embora não tivesse cometido qualquer violência nem houvesse qualquer mentira em sua boca.

Isaías 53:10 Contudo foi da vontade do Senhor esmagá-lo e fazê-lo sofrer, e, embora o Senhor faça da vida dele uma oferta pela culpa, ele verá sua prole e prolongará seus dias, e a vontade do Senhor prosperará em sua mão.

Salmos 16:10 porque tu não me abandonarás no sepulcro, nem permitirás que o teu santo sofra decomposição.

1 Reis 2:10 Então Davi descansou com os seus antepassados e foi sepultado na cidade de Davi.

Salmos 110:1 O Senhor disse ao meu Senhor: "Senta-te à minha direita até que eu faça dos teus inimigos um estrado para os teus pés".

Deuteronômio 7:13 Ele os amará, os abençoará e fará com que vocês se multipliquem. Ele abençoará os seus filhos e os frutos da sua terra: o cereal, o vinho novo e o azeite, as crias das vacas e das ovelhas, na terra que jurou dar aos seus antepassados.

Zacarias 14:4 Naquele dia os seus pés estarão sobre o monte das Oliveiras, a leste de Jerusalém, e o monte se dividirá ao meio, de leste a oeste, por um grande vale, metade do monte será removido para o norte, a outra metade para o sul.

Isaías 53:4-5 Certamente ele tomou sobre si as nossas enfermidades e sobre si levou as nossas doenças, contudo nós o consideramos castigado por Deus, por ele atingido e afligido.
Mas ele foi transpassado por causa das nossas transgressões, foi esmagado por causa de nossas iniquidades; o castigo que nos trouxe paz estava sobre ele, e pelas suas feridas fomos curados.

Isaías 52:13 Vejam, o meu servo agirá com sabedoria; será levantado e erguido e muitíssimo exaltado.

Isaías 53:12 Por isso eu lhe darei uma porção entre os grandes, e ele dividirá os despojos com os fortes, porquanto ele derramou sua vida até à morte, e foi contado entre os transgressores. Pois ele carregou o pecado de muitos, e intercedeu pelos transgressores.

Isaías 53:9 Foi-lhe dado um túmulo com os ímpios, e com os ricos em sua morte, embora não tivesse cometido qualquer violência nem houvesse qualquer mentira em sua boca.

Êxodo 12:46 "Vocês a comerão numa só casa; não levem nenhum pedaço de carne para fora da casa, nem quebrem nenhum dos ossos.

Levítico 16:21-22
21 Então colocará as duas mãos sobre a cabeça do bode vivo e confessará todas as iniquidades e rebeliões dos israelitas, todos os seus pecados, e os porá sobre a cabeça do bode. Em seguida enviará o bode para o deserto aos cuidados de um homem designado para isso.
22 O bode levará consigo todas as iniquidades deles para um lugar solitário. E o homem soltará o bode no deserto.

Levítico 17:11 Pois a vida da carne está no sangue, e eu o dei a vocês para fazerem propiciação por si mesmos no altar; é o sangue que faz propiciação pela vida.

Salmos 110:2 O Senhor estenderá o cetro de teu poder desde Sião, e dominarás sobre os teus inimigos!

Salmos 102:16 Porque o Senhor reconstruirá Sião e se manifestará na glória que ele tem.

Versículos do Antigo Testamento
Lição n.º 16

Deuteronômio 18:18-19
18 Levantarei do meio dos seus irmãos um profeta como você; porei minhas palavras na sua boca, e ele lhes dirá tudo o que eu lhe ordenar.
19 Se alguém não ouvir as minhas palavras, que o profeta falará em meu nome, eu mesmo lhe pedirei contas.

Êxodo 1:8-14
8 Então subiu ao trono do Egito um novo rei, que nada sabia sobre José.
9 Disse ele ao seu povo: "Vejam! O povo israelita é agora numeroso e mais forte que nós.
10 Temos de agir com astúcia, para que não se tornem ainda mais numerosos e, no caso de guerra, aliem-se aos nossos inimigos, lutem contra nós e fujam do país".
11 Estabeleceram, pois, sobre eles chefes de trabalhos forçados, para os oprimir com tarefas pesadas. E assim os israelitas construíram para o faraó as cidades-celeiros de Pitom e Ramessés.
12 Todavia, quanto mais eram oprimidos, mais numerosos se tornavam e mais se espalhavam. Por isso os egípcios passaram a temer os israelitas,
13 e os sujeitaram a cruel escravidão.
14 Tornaram-lhes a vida amarga, impondo-lhes a árdua tarefa de preparar o barro e fazer tijolos, e executar todo tipo de trabalho agrícola; em tudo os egípcios os sujeitavam a cruel escravidão.

Êxodo 1:15-16 O rei do Egito ordenou às parteiras dos hebreus, que se chamavam Sifrá e Puá:
"Quando vocês ajudarem as hebréias a dar à luz, verifiquem se é menino. Se for, matem-no; se for menina, deixem-na viver".

Êxodo 2:1-5
1 Um homem da tribo de Levi casou-se com uma mulher da mesma tribo,
2 e ela engravidou e deu à luz um filho. Vendo que era bonito, ela o escondeu por três meses.
3 Quando já não podia mais escondê-lo, pegou um cesto feito de junco e o vedou com piche e betume. Colocou nele o menino e deixou o cesto entre os juncos, à margem do Nilo.

Apêndice dos Versículos do Antigo Testamento

4 A irmã do menino ficou observando de longe para ver o que lhe aconteceria.

5 A filha do faraó descera ao Nilo para tomar banho. Enquanto isso as suas servas andavam pela margem do rio. Nisso viu o cesto entre os juncos e mandou sua criada apanhá-lo.

Êxodo 2:10 Tendo o menino crescido, ela o levou à filha do faraó, que o adotou e lhe deu o nome de Moisés, dizendo: "Porque eu o tirei das águas".

Números 12:3 Ora, Moisés era um homem muito paciente, mais do que qualquer outro que havia na terra.

Números 12:7 Não é assim, porém, com meu servo Moisés, que é fiel em toda a minha casa.

Êxodo 2:14 O homem respondeu: "Quem o nomeou líder e juiz sobre nós? Quer matar-me como matou o egípcio? " Moisés teve medo e pensou: "Com certeza tudo já foi descoberto! "

Êxodo 32:1 O povo, ao ver que Moisés demorava a descer do monte, juntou-se ao redor de Arão e lhe disse: "Venha, faça para nós deuses que nos conduzam, pois a esse Moisés, o homem que nos tirou do Egito, não sabemos o que lhe aconteceu".

Números 16:41 No dia seguinte toda a comunidade de Israel começou a queixar-se contra Moisés e Arão, dizendo: "Vocês mataram o povo do Senhor".

Números 12:1 Miriã e Arão começaram a criticar Moisés porque ele havia se casado com uma mulher cuxita.

Êxodo 32:31-32
31 Assim, Moisés voltou ao Senhor e disse: "Ah, que grande pecado cometeu este povo! Fizeram para si um deus de ouro.
32 Mas agora, eu te rogo, perdoa-lhes o pecado; se não, risca-me do teu livro que escreveste".

Êxodo 34:28 Moisés ficou ali com o Senhor quarenta dias e quarenta noites, sem comer pão e sem beber água. E escreveu nas tábuas as palavras da aliança: os Dez Mandamentos.

Números 12:7-8
> 7 Não é assim, porém, com meu servo Moisés, que é fiel em toda a minha casa.
> 8 Com ele falo face a face, claramente, e não por enigmas; e ele vê a forma do Senhor. Por que não temeram criticar meu servo Moisés? "

Êxodo 24:12 Disse o Senhor a Moisés: "Suba a mim, ao monte, e fique aqui; e lhe darei as tábuas de pedra com a lei e os mandamentos que escrevi para a instrução do povo".

Êxodo 24:13 Moisés partiu com Josué, seu auxiliar, e subiu ao monte de Deus.

Êxodo 34:29-30
> 29 Ao descer do monte Sinai com as duas tábuas da aliança nas mãos, Moisés não sabia que o seu rosto resplandecia por ter conversado com o Senhor.
> 30 Quando Arão e todos os israelitas viram Moisés, com o rosto resplandecente, tiveram medo de aproximar-se dele.

Êxodo 19:19-20
> 19 e o som da trombeta era cada vez mais forte. Então Moisés falou, e a voz de Deus lhe respondeu.
> 20 O Senhor desceu ao topo do monte Sinai e chamou Moisés para o alto do monte. Moisés subiu

Deuteronômio 4:1 E agora, ó Israel, ouça os decretos e as leis que lhes estou ensinando a cumprir, para que vivam e tomem posse da terra, que o Senhor, o Deus dos seus antepassados, dá a vocês.

Deuteronômio 4:5
Eu lhes ensinei decretos e leis, como me ordenou o Senhor, o meu Deus, para que sejam cumpridos na terra na qual vocês estão entrando para dela tomar posse.

Salmos 77:20 Guiaste o teu povo como a um rebanho pela mão de Moisés e de Arão.

Isaías 63:11 Então o seu povo recordou o passado, o tempo de Moisés e seu povo: onde está aquele que os fez passar através do mar, com o pastor do seu rebanho? Onde está aquele que entre eles pôs o seu Espírito Santo,

Apêndice dos Versículos do Antigo Testamento

Êxodo 3:13-15

13 Moisés perguntou: "Quando eu chegar diante dos israelitas e lhes disser: O Deus dos seus antepassados me enviou a vocês, e eles me perguntarem: 'Qual é o nome dele?' Que lhes direi?"

14 Disse Deus a Moisés: "Eu Sou o que Sou. É isto que você dirá aos israelitas: Eu Sou me enviou a vocês".

15 Disse também Deus a Moisés: "Diga aos israelitas: O Senhor, o Deus dos seus antepassados, o Deus de Abraão, o Deus de Isaque, o Deus de Jacó, enviou-me a vocês. Esse é o meu nome para sempre, nome pelo qual serei lembrado de geração em geração.

Êxodo 16:14-15

14 Depois que o orvalho secou, flocos finos semelhantes a geada estavam sobre a superfície do deserto.

15 Quando os israelitas viram aquilo, começaram a perguntar uns aos outros: "Que é isso?", pois não sabiam do que se tratava. Disse-lhes Moisés: "Este é o pão que o Senhor lhes deu para comer.

Salmos 78:24 fez chover maná para que o povo comesse, deu-lhe o pão dos céus.

Êxodo 3:10 Vá, pois, agora; eu o envio ao faraó para tirar do Egito o meu povo, os israelitas".

Deuteronômio 6:21 Vocês lhe responderão: "Fomos escravos do faraó no Egito, mas o Senhor nos tirou do Egito com mão poderosa.

Êxodo 15:25-26

25 Moisés clamou ao Senhor, e este lhe indicou um arbusto. Ele o lançou na água, e esta se tornou boa. Em Mara o Senhor lhes deu leis e ordenanças, e os colocou à prova,

26 dizendo-lhes: "Se vocês derem atenção ao Senhor, ao seu Deus e fizerem o que ele aprova, se derem ouvidos aos seus mandamentos e obedecerem a todos os seus decretos, não trarei sobre vocês nenhuma das doenças que eu trouxe sobre os egípcios, pois eu sou o Senhor que os cura".

Números 21:6-9

6 Então o Senhor enviou serpentes venenosas que morderam o povo, e muitos morreram.

> 7   O povo foi a Moisés e disse: "Pecamos quando falamos contra o Senhor e contra você. Ore pedindo ao Senhor que tire as serpentes do meio de nós". E Moisés orou pelo povo.
> 8   O Senhor disse a Moisés: "Faça uma serpente e coloque-a no alto de um poste; quem for mordido e olhar para ela viverá".
> 9   Moisés fez então uma serpente de bronze e a colocou num poste. Quando alguém era mordido por uma serpente e olhava para a serpente de bronze, permanecia vivo.

Deuteronômio 34:10-12

> 10 Em Israel nunca mais se levantou profeta como Moisés, a quem o Senhor conheceu face a face,
> 11 e que fez todos aqueles sinais e maravilhas que o Senhor o tinha enviado para fazer no Egito, contra o faraó, contra todos os seus servos e contra toda a sua terra.
> 12 Pois ninguém jamais mostrou tamanho poder como Moisés nem executou os feitos temíveis que Moisés realizou aos olhos de todo o Israel.

Êxodo 24:7-8

> 7   Em seguida, leu o Livro da Aliança para o povo, e eles disseram: "Faremos fielmente tudo o que o Senhor ordenou".
> 8   Depois Moisés aspergiu o sangue sobre o povo, dizendo: "Este é o sangue da aliança que o Senhor fez com vocês de acordo com todas essas palavras".

Deuteronômio 18:18
Levantarei do meio dos seus irmãos um profeta como você; porei minhas palavras na sua boca, e ele lhes dirá tudo o que eu lhe ordenar.

Números 14:22-23

> 22 que nenhum dos que viram a minha glória e os sinais miraculosos que realizei no Egito e no deserto, e me puseram à prova e me desobedeceram dez vezes —
> 23 nenhum deles chegará a ver a terra que prometi com juramento aos seus antepassados. Ninguém que me tratou com desprezo a verá.

Números 14:32
O cadáveres de vocês, porém, cairão neste deserto.

Números 26:63-65

> 63 São esses os que foram recenseados por Moisés e pelo sacerdote

Apêndice dos Versículos do Antigo Testamento

Eleazar quando contaram os israelitas nas campinas de Moabe, junto ao Jordão, do outro lado de Jericó.

64 Nenhum deles estava entre os que foram contados por Moisés e pelo sacerdote Arão quando contaram os israelitas no deserto do Sinai.

65 Pois o Senhor tinha dito àqueles israelitas que iriam morrer no deserto, e nenhum deles sobreviveu, exceto Calebe, filho de Jefoné, e Josué, filho de Num.

Jeremias 31:31-34

31 "Estão chegando os dias", declara o Senhor, "quando farei uma nova aliança com a comunidade de Israel e com a comunidade de Judá".

32 "Não será como a aliança que fiz com os seus antepassados quando os tomei pela mão para tirá-los do Egito; porque quebraram a minha aliança, apesar de eu ser o Senhor deles", diz o Senhor.

33 "Esta é a aliança que farei com a comunidade de Israel depois daqueles dias", declara o Senhor: "Porei a minha lei no íntimo deles e a escreverei nos seus corações. Serei o Deus deles, e eles serão o meu povo.

34 Ninguém mais ensinará ao seu próximo nem ao seu irmão, dizendo: 'Conheça ao Senhor', porque todos eles me conhecerão, desde o menor até o maior", diz o Senhor. "Porque eu lhes perdoarei a maldade e não me lembrarei mais dos seus pecados. "

Deuteronômio 18:18-19

18 Levantarei do meio dos seus irmãos um profeta como você; porei minhas palavras na sua boca, e ele lhes dirá tudo o que eu lhe ordenar.

19 Se alguém não ouvir as minhas palavras, que o profeta falará em meu nome, eu mesmo lhe pedirei contas.

Versículos do Antigo Testamento
Lição n.º 17

Números 10:2-3

2 "Faça duas cornetas de prata batida a fim de usá-las para reunir a comunidade e para dar aos acampamentos o sinal para partirem.

3 Quando as duas cornetas tocarem, a comunidade inteira se reunirá diante de você, à entrada da Tenda do Encontro.

Daniel 12:4

Mas você, Daniel, feche com um selo as palavras do livro até o tempo do fim. Muitos irão ali e acolá para aumentarem o conhecimento".

Salmos 102:16 Porque o Senhor reconstruirá Sião e se manifestará na glória que ele tem.

Isaías 40:5-6
5 A glória do Senhor será revelada, e, juntos, todos a verão. Pois é o Senhor quem fala".
6 Uma voz ordena: "Clame". E eu pergunto: "O que clamarei? " "Que toda a humanidade é como a relva, e toda a sua glória como as flores do campo.

Jeremias 25:31 Um tumulto ressoa até os confins da terra, pois o Senhor faz acusações contra as nações, e julga toda a humanidade: ele entregará os ímpios à espada', declara o Senhor. "

Ezequiel 21:4-5
4 Uma vez que eu vou eliminar o justo e o ímpio, estarei empunhando a minha espada contra todos, desde o Neguebe até o norte.
5 Então todos saberão que eu, o Senhor, da bainha tirei a espada e não tornarei a guardá-la'.

Gênesis 6:5 O Senhor viu que a perversidade do homem tinha aumentado na terra e que toda a inclinação dos pensamentos do seu coração era sempre e somente para o mal.

Gênesis 6:12-13 Ao ver como a terra se corrompera, pois toda a humanidade havia corrompido a sua conduta, Deus disse a Noé: "Darei fim a todos os seres humanos, porque a terra encheu-se de violência por causa deles. Eu os destruirei juntamente com a terra.

Versículos do Antigo Testamento
Lição n.º 19

Salmos 2:7-9
7 Proclamarei o decreto do Senhor: Ele me disse: "Tu és meu filho; eu hoje te gerei.
8 Pede-me, e te darei as nações como herança e os confins da terra como tua propriedade.
9 Tu as quebrarás com vara de ferro e as despedaçarás como a um vaso de barro".

Apêndice dos Versículos do Antigo Testamento

Joel 3:1-2
1. "Sim, naqueles dias e naquele tempo, quando eu restaurar a sorte de Judá e de Jerusalém,
2. reunirei todos os povos e os farei descer ao vale de Josafá. Ali os julgarei por causa da minha herança, Israel, o meu povo pois espalharam o meu povo entre as nações e repartiram entre si a minha terra.

Salmos 45:6 O teu trono, ó Deus, subsiste para todo o sempre; cetro de justiça é o cetro do teu reino.

Salmos 45:7 Amas a justiça e odeias a iniqüidade; por isso Deus, o teu Deus, escolheu-te dentre os teus companheiros ungindo-te com óleo de alegria.

Salmos 132:13-14
13 O Senhor escolheu Sião, com o desejo de fazê-la sua habitação:
14 "Este será o meu lugar de descanso para sempre; aqui firmarei o meu trono, pois esse é o
meu desejo.

Isaías 24:23 A lua ficará humilhada, e o sol, envergonhado; pois o Senhor dos Exércitos reinará no monte Sião e em Jerusalém, glorioso na presença dos seus líderes!

Salmos 48:1-2
1 Grande é o Senhor, e digno de todo louvor na cidade do nosso Deus.
2 Seu santo monte, belo e majestoso, é a alegria da terra toda. Como as alturas do Zafom é
o monte Sião, a cidade do grande Rei.

Isaías 2:2-4
2 Nos últimos dias o monte do templo do Senhor será estabelecido como o principal; será
elevado acima das colinas, e todas as nações correrão para ele.
3 Virão muitos povos e dirão: "Venham, subamos ao monte do Senhor, ao templo do Deus
de Jacó, para que ele nos ensine os seus caminhos, e assim andemos em suas veredas".
Pois, a lei sairá de Sião, de Jerusalém virá a palavra do Senhor.
4 Ele julgará entre as nações e resolverá contendas de muitos povos. Eles farão de suas

espadas arados, e de suas lanças foices. Uma nação não mais pegará em armas para atacar
outra nação, elas jamais tornarão a preparar-se para a guerra.

Miquéias 4:1 Nos últimos dias acontecerá que o monte do templo do Senhor será estabelecido como o principal entre os montes; e se elevará acima das colinas, e os povos a ele acorrerão.

Miquéias 4:2 Muitas nações virão, dizendo: "Venham, subamos ao monte do Senhor, ao templo do Deus de Jacó. Ele nos ensinará os seus caminhos, para que andemos nas suas veredas". Pois a lei virá de Sião, a palavra do Senhor, de Jerusalém.

Miquéias 4:3 Ele julgará entre muitos povos e resolverá contendas entre nações poderosas e distantes. Das suas espadas, farão arados, e das suas lanças, foices. Nenhuma nação erguerá a espada contra outra, e não aprenderão mais a guerra.

Zacarias 14:16 Então, os sobreviventes de todas as nações que atacaram Jerusalém subirão ano após ano para adorar o rei, o Senhor dos Exércitos, para celebrar a festa das Cabanas.

Salmos 72:1-20
1. Reveste da tua justiça o rei, ó Deus, e o filho do rei, da tua retidão,
2. para que ele julgue com retidão e com justiça os teus que sofrem opressão.
3. Que os montes tragam prosperidade ao povo, e as colinas, o fruto da justiça.
4. Defenda ele os oprimidos entre o povo e liberte os filhos dos pobres; esmague ele o opressor!
5. Que ele perdure como o sol e como a lua, por todas as gerações.
6. Seja ele como chuva sobre uma lavoura ceifada, como aguaceiros que regam a terra.
7. Floresçam os justos nos dias do rei, e haja grande prosperidade enquanto durar a lua.
8. Governe ele de mar a mar e desde o rio Eufrates até os confins da terra.
9. Inclinem-se diante dele as tribos do deserto, e os seus inimigos lambam o pó.
10. Que os reis de Társis e das regiões litorâneas lhe tragam tributo; os reis de Sabá e de Sebá lhe ofereçam presentes.

Apêndice dos Versículos do Antigo Testamento

11 Inclinem-se diante dele todos os reis, e sirvam-no todas as nações.
12 Pois ele liberta os pobres que pedem socorro, os oprimidos que não têm quem os ajude.
13 Ele se compadece dos fracos e dos pobres, e os salva da morte.
14 Ele os resgata da opressão e da violência, pois aos seus olhos a vida deles é preciosa.
15 Tenha o rei vida longa! Receba ele o ouro de Sabá. Que se ore por ele continuamente, e todo o dia se invoquem bênçãos sobre ele.
16 Haja fartura de trigo por toda a terra, ondulando no alto dos montes. Floresçam os seus frutos como os do Líbano e cresçam as cidades como as plantas no campo.
17 Permaneça para sempre o seu nome e dure a sua fama enquanto o sol brilhar. Sejam abençoadas todas as nações por meio dele, e que elas o chamem bendito.
18 Bendito seja o Senhor Deus, o Deus de Israel, o único que realiza feitos maravilhosos.
19 Bendito seja o seu glorioso nome para sempre; encha-se toda a terra da sua glória. Amém e amém.
20 Encerram-se aqui as orações de Davi, filho de Jessé.

Isaías 32:17 O fruto da justiça será paz; o resultado da justiça será tranquilidade e confiança para sempre.

Daniel 8:23-25
23 "No final do reinado deles, quando a rebelião dos ímpios tiver chegado ao máximo, surgirá um rei de duro semblante, mestre em astúcias.
24 Ele se tornará muito forte, mas não pelo seu próprio poder. Provocará devastações ter ríveis e será bem sucedido em tudo o que fizer. Destruirá os homens poderosos e o povo santo.
25 Com o intuito de prosperar, ele enganará a muitos, e se considerará superior aos outros. Destruirá muitos que nele confiam e se insurgirá contra o Príncipe dos príncipes. Apesar disso, ele será destruído, mas não pelo poder dos homens.

Salmos 122:6 Orem pela paz de Jerusalém: "Vivam em segurança aqueles que te amam!

Zacarias 14:3-11
3 Depois o Senhor sairá à guerra contra aquelas nações, como ele faz em dia de batalha.

4 Naquele dia os seus pés estarão sobre o monte das Oliveiras, a leste de Jerusalém, e o monte se dividirá ao meio, de leste a oeste, por um grande vale, metade do monte será removido para o norte, a outra metade para o sul.
5 Vocês fugirão pelo meu vale entre os montes, pois ele se estenderá até Azel. Fugirão como fugiram do terremoto nos dias de Uzias, rei de Judá. Então o Senhor, o meu Deus, virá com todos os seus santos.
6 Naquele dia não haverá calor nem frio.
7 Será um dia único, no qual não haverá separação entre dia e noite, porque quando chegar a noite ainda estará claro. Um dia que o Senhor conhece.
8 Naquele dia águas correntes fluirão de Jerusalém, metade delas para o mar do leste e metade para o mar do oeste. Isto acontecerá tanto no verão quanto no inverno.
9 O Senhor será rei de toda a terra. Naquele dia haverá um só Senhor e o seu nome será o único nome.
10 A terra toda, de Geba até Rimom, ao sul de Jerusalém, será semelhante à Arabá. Mas Jerusalém será restabelecida e permanecerá em seu lugar, desde a porta de Benjamim até o lugar da primeira porta, até a porta da Esquina, e desde a torre de Hananeel até aos lagares do rei.
11 Será habitada; nunca mais será destruída. Jerusalém estará segura.

Apêndice dos Versículos do Antigo Testamento

Sobre o Autor

Derek Prince (1915–2003) Filho de pais ingleses, nasceu na India. Foi educado como estudante de Grego e Latim no Eton College e Cambridge University no Reino Unido, presidiu a uma Comunhão (equivalente a professor universitário residente) de Filosofia Antiga e Moderna no King's College. Estudou também varias línguas modernas incluindo Hebraico e Aramaico na Cambridge University e também na Hebrew University em Jerusalém.

Nos primeiros anos da 2ª Guerra Mundial, enquanto servia no exército britânico, começou a estudar a bíblia e experimentou um encontro com Jesus Cristo que modificou a sua vida. Deste encontro ele formou duas coisas: primeiro, que Jesus Cristo está vivo; segundo que a Bíblia é um livro verdadeiro, relevante e actual. Estas conclusões alteraram o percurso da sua, entregou-se ao estudar e ensinar a Bíblia.

O dom dele de explicar a Bíblia e ensinado de uma forma clara e simples ajudou construir a fundação da fé em milhões de vidas A abordagem não-denominal e não-sectária tornou seus ensinamentos igualmente revelante e ajudou pessoas de todas as raças e influências religiosas

Ele autor de mais que 60 livros, 600 gravações de áudio e 100 vídeos de ensinamentos, muitos dos quais tem sido traduzido e publicado em mais que 60 línguas. A sua emissão diária de rádio é traduzida para Arab, Chinês (Amoi, Cantonês, Mandarim Xangaiês e Suatau) Croata, Alemão, Malgaxe, Mongol, Russo, Samoano, Espanhol, Bahasa Indonésio e Tonganês. O programa de radio continua a alcançar muitas pessoas à volta do mundo.

O Derek Prince Ministries continua ministrando e alcançando crente em mais do que 140 países com os ensinamentos do Derek, cumprindo o mandato to continuar "ate Jesus voltar". Isto é feito através da divulgação em mais de 30 escritórios do Derek Prince á pelo mundo fora. Incluindo trabalho principal na Austrália, Canadá, China, França, Alemanha, Índia, Indonésia, Malásia, Mianmar, Nepal, Países Baixos, Nova Zelândia, Noruega, Paquistão, Rússia, África do Sul, Suíça, Reino Unido, Estados Unidos e Ilhas do Pacífico. Para obter informações actualizadas sobre esses e outros locais mundiais, visite www.derekprince.com

MINISTÉRIOS DO DEREK PRICE
ESCRITÓRIOS MUNDIAIS

DPM–Asia/Pacific
38 Hawdon Street, Sydenham
Christchurch 8023,
New Zealand
T: + 64 3 366 4443
E: admin@dpm.co.nz
W: www.dpm.co.nz and
www.derekprince.in

DPM–Australia
Unit 21/317-321
Woodpark Road, Smithfield
New South Wales 2165,
Australia
T: + 612 9604 0270
E: enquiries@derekprince.com.au
W: www.derekprince.com.au

DPM–Canada
P. O. Box 8354 Halifax,
Nova Scotia B3K 5M1,
Canada
T: + 1 902 443 9577
E: enquiries.dpm@eastlink.ca
W: www.derekprince.org

DPM–France
B.P. 31, Route d'Oupia,
34210 Olonzac,
France
T: + 33 468 913872
E: info@derekprince.fr
W: www.derekprince.fr

DPM–Germany
Söldenhofstr. 10,
83308 Trostberg,
Germany
T: + 49-8621-64146
E: IBL.de@t-online.de
W: www.ibl-dpm.net

DPM–Netherlands
Nobelstraat 7-08
7131 PZ
Lichtenvoorde
Phone: (+31) 251-255044
E: info@dpmnederland.nl
W: www.derekprince.nl

DPM–Norway
P. O. Box 129
Lodderfjord
N-5881, Bergen,
Norway
T: +47 928 39855
E: sverre@derekprince.no
W: www.derekprince.no

Derek Prince Publications Pte. Ltd.
P. O. Box 2046 ,
Robinson Road Post Office
Singapore 904046
T: + 65 6392 1812
E: dpmchina@singnet.com.sg
English web: www.dpmchina.org
Chinese web: www.ygmweb.org

DPM–South Africa
P. O. Box 33367
Glenstantia 0010 Pretoria
South Africa
T: +27 12 348 9537
E: enquiries@derekprince.co.za
W: www.derekprince.co.za

DPM–Switzerland
Alpenblick 8
CH-8934 Knonau
Switzerland
T: + 41(0) 44 768 25 06
E: dpm-ch@ibl-dpm.net
W: www.ibl-dpm.net

DPM–UK
PO Box 393,
Hitchin, SG5 9EU
UK
T: + 44 (0) 1462 492100
E: enquiries@dpmuk.org
W: www.dpmuk.org

DPM–USA
P. O. Box 19501
Charlotte NC 28219,
USA
T: + 1 704 357 3556
E: ContactUs@derekprince.org
W: www.derekprince.org

www.ingramcontent.com/pod-product-compliance
Lightning Source LLC
Chambersburg PA
CBHW062201080426
42734CB00010B/1765